빈방의 모놀로그

빈방의 모놀로그

1판 1쇄 발행 2025년 10월 20일

지은이   이영희
발행인   이선우
펴낸곳   도서출판 선우미디어
          등록 | 1997. 8. 7 제305-2014-000020
          02643 서울시 동대문구 장한로 12길 40, 101동 203호
          ☎ 2272-3351, 3352 팩스: 2272-5540
          sunwoome@hanmail.net
          Printed in Korea ⓒ 2025. 이영희

15,000원

※ 이 책은 충청북도 충북문화재단 우수예술창작활동 지원사업 지원금으로 제작되었습니다.
※ 잘못된 책은 바꿔 드립니다
※ 저자와 협의하여 인지를 생략합니다.
※ 저작권법에 따라 무단 전재와 복제를 금합니다.

ISBN 978-89-5658-805-6 03810

이영희 수필집

빈방의 모놀로그

선우미디어

머리말

삶보다 숭고한 종교도
가족보다 신성한 경전도

읽고 쓰는 것을 좋아한다. 그러다 보니 공개하고 싶지 않은 내 흔적들이 고구마 줄기 달려 나오듯 실체를 드러냈다. 보송보송한 얼굴로 살아온 공주과인 줄 알았는데 감동했다며 독자가 힘을 실어주어 얇은 귀가 솔깃했다. '목욕할 때 생겨나는 비누 거품과 땀과 때, 그리고 기름기가 있는 물을 보면, 너는 역겨워하지만, 인생의 모든 부분과 인생에서 만나는 모든 것이 그런 것들'이라고 한 마르쿠스 아우렐리우스의 명상록이 떠올랐다.

7년 전 출간한 두 번째 수필집 『정비공』이 운 좋게 절판되었다. 뒤이어 직지 수상작 장편 소설 『비망록, 직지로 피어나다』가 나온 터라 손뼉 칠 때 떠나자고 재판을 접었다. 매미는 7년이면 우화 승천하는데 어림도 없고 수필은 민낯을 온전히 드러내야 한다는 것도 한몫해 그만하자고 내심 생각했다. 그랬는데 중부매일과 문예지 덕분에 '세상에 나온 아가들에게 방을 마련해 주자.'로 마음이 움직였다. 인간은 하루에 6천 가지의 생각을 한다고 합리화했다.

공직에서 치열하게 우물 안 개구리처럼 살던 시간이 은퇴 후 여유를 주었다. '삶보다 숭고한 종교도 가족보다 신성한 경전도 알지 못한다.'는 최인호 작가의 말씀이 요즈음의 화두다. 밑줄그을 문장이 못 되어도 위로가 될 한 분을 위해 자연의 순환대로 봄, 여름, 가을, 겨울 사계절에 나누어 담았다.

오랫동안 부족한 글 실어주신 중부매일 한인섭 대표이사님과 더 잘 쓰라고 다독여주신 이방주 평론가님, 예쁜 책이 빛을 보도록 배려하신 선우미디어 이선우 대표님, 그리고 충북문화재단에 감사드린다.

늘 울타리가 되어 주시는 어머니와 나를 웃게 하는 가족 친지들께 새삼 고마움을 전한다.

2025. 가을이 오는 길목에서
이영희

차례

4 · 머리말

1. 봄

12 · 가시
16 · 팔만대장경을 읽다
20 · 답청
24 · 머시기
28 · 블록 틈의 민들레
31 · 꿈
35 · 봄의 에피소드
39 · 단비
42 · 맥문동
46 · 사유에 잠기다
50 · 리모델링
54 · 이제 철이 드는지
57 · 껍질 벗기

2. 여름

62 · 미술관에 고향이

66 · 경계

69 · 표구에 담긴 세월

73 · 카타르시스

77 · 니두 기여

82 · 맷방석

86 · 누리단

89 · 직지의 발자취를 찾아

93 · 여름 예찬

97 · 빈방의 모놀로그

101 · 옹이

106 · 꽃보다 나무

109 · 거장들의 맞잡은 손

3. 가을

116 · 문패
120 · 인다호걸(人多豪傑) 청주
124 · 교감과 공감
128 · 피카소를 만나다
132 · 날마다 산스장
136 · 마두금 소리
140 · 세 살에게서 배우다
144 · 은회색 풍경화
148 · 습관을 붙박이 하다
152 · 무심천 가을역
155 · 최선과 적당의 갈림길에서
159 · 시적인 지명, 절경인 내 고향
164 · 어떤 혼수

4. 겨울

170 · 손 가라사대
174 · 남편을 다시 읽다
179 · 유예
182 · 저녁나절의 그림자
186 · 풀솜 할미
190 · 그래도 희망을
194 · 눈의 하소연
198 · 숫눈길
201 · 기발한 덕담
205 · 소이부답(笑而不答)
208 · 따뜻한 편지
212 · 청맹과니
216 · 이음동의어

221 · 이방주 | 사랑으로 여는 관계의 서사

1

부

가시

갈치조림이 참 맛있다. 바다에서 금방 잡은 듯한 싱싱한 놈을 보내준 지인에게 고마워하며 허겁지겁 젓가락을 놀린다. 아뿔싸. 갑자기 이물감이 느껴진다. 죽은 가시의 저항이다. 안절부절못하며 뜨거운 물을 마셔보고 김치를 씹지 않고 삼켜보았다. 인터넷에 나와 있는 대로 했는데, 가시가 더 깊이 박힐 수 있다는 금기사항이 아래에 있다. 얼른 멈추고 시계를 보니 이비인후과가 문 닫을 시간이다. 어린아이도 아니고 마음을 비우고 살 나이에 식탐을 들킨 것 같아 여간 민망하지가 않다.

'자고 나면 괜찮겠지. 내일은 다른 태양이 떠오를 테니⋯.' 긍정적인 생각으로 일찍 잠자리에 들었다. 취침 중에도 이물감이 있었는데 새벽에 눈을 뜨니 신기하게 아무렇지도 않다. 역시 사람의 몸 안에는 자정 능력이 있음에 이내 감사한 마음이 된다. 세상이 초록의 온도로 나를 감싸듯 하고 태양이 더 찬란함에 쾌재를 불렀다.

어린 왕자가 묻는다.
"가시가 있는 장미꽃도 양이 먹어?" 그렇다는 말에
"가시는 뭣에 쓰는 거지?"라고 되묻는다. 가시는 아무 쓸모도 없다는 대답에
"거짓말 마! 꽃들은 연약해. 그리고 순진해. 꽃들은 자기들이 할 수 있는 만큼 자신을 보호하는 거야. 가시가 있으니, 자기들은 무서운 존재라고 생각하는 거라고."

어린 왕자의 이 말에 매료돼서 재직 시 한때 가시 같은 보호색을 쓰고 다녔다. 여자이고 체격도 크지 않으니, 상대방이 무시하지 않을까 하는 노파심이었다.
바닷속 문어는 바위에 붙으면 바위 색으로 변하고 산호 옆에 있으면 산호처럼 변해서 변신술의 귀재라고 한다. 꼭 요즈음의 정치인들 같다. 그렇게도 못하면서 흉내를 냈으니 젊은 날의 객기였는지….
흔히 잔가시라고 부르는 생선 살에 박혀있는 가시는 물고기의 몸을 떠받쳐 주는 중요한 뼈대 보조역할을 한다. 그런데 사람들이 생선 먹을 때 목에 걸리는 가시는 십중팔구 이 잔가시라고 한다. 먹

이가 된 것만도 억울한데 물고기가 살아 있을 때 이런 중요한 역할을 했으면서 백해무익한 것으로 취급받아서인가, 죽어서도 가시를 세우는 것이….

배도 물에서 뜨려면 밸러스트 탱크가 균형을 잡아주어야 한다. 선박의 밑바닥이나 좌우에 설치된 탱크에 화물이나 승객 등의 무게로 배가 기울지 않도록 한다. 선박평형수를 주입하거나 배출해 균형을 잡아준다. 선박의 안전 운항에 중요한 역할이다. 물고기가 살아 있을 때 가시는 그런 역할을 했는데, 시간이 흐르고 서로의 입장과 보는 각도에 따라 가시의 역할은 극과 극이 된다.

며칠 전에 지인이 어느 작품을 이야기하면서 글은 잘 썼는데 그로 인해 하루 종일 마음이 아팠다고 한다. 그 작품에 거론된 그날의 사고가 생생히 떠올라 괴로웠단다. 다음부터는 글 쓸 때 피해자 생각도 하면서 써야겠다고 부언한다. 그렇게까지 해서 어떻게 글을 쓰겠냐고 하면서 그 자리에서 전적으로 동조하지 않았다. 그랬는데 지금 이렇게 쓰는 행위가 누구에게 가시가 되어 찌르지는 않을지에 생각이 미친다. 글뿐만 아니라 나의 말이나 태도, 행동이 가시가 되어 상대방을 찌르지는 않을까 싶으니 그새 도식과 강박이 된 것인지….

사람은 살아가면서 알고도 죄를 짓고 모르고도 죄를 짓는데, 모르고 짓는 죄가 알고 짓는 죄보다 더 크다고 불가에서는 말한다. 그것은 모르고 짓는 죄가 무엇이 잘못된 것인지를 몰라 참회할 수 없어서이다. 죄가 눈덩이처럼 굴러갈수록 자꾸 커지기 때문이라고 한다. 타 종교 경전에선 모르고 지은 죄보다 알고 짓는 죄가 더 크다고 한다. 가르침도 보는 관점에 따라 이리 다르니, 함부로 죄짓지 말고 살라는 깊은 의미의 깨우침을 일러줌이다.

말끔히 사라진 가시가 정신적으로 초록하듯 자꾸만 미혹한다.

팔만대장경을 읽다

눈가가 시큰하니 감동이다. 세 시간여 걸려 해인사에 도착하니, 입구에 김영환 장군 팔만대장경 수호 공적비가 방문객을 맞이한다. 6·25동란 시, 미 공군 사령부가 해인사를 폭격하고 패잔병을 소탕하라는 명령을 내렸다. 전쟁 시 명령 불복종은 사형이지만, 김영환 편대장은 기관총만으로 공비를 소탕하도록 지시했다. 네이팜탄 한 발이면 국보 사찰 해인사와 위대한 문화유산 팔만대장경판이 잿더미가 된다. 불심이 깊은 어머니를 떠올리며 김영환 장군은 순간 살신성인의 판단을 내렸다.

군법 재판에 회부되었을 때 그는 "2차세계대전 시에도 문화재가 많은 프랑스 파리와 일본의 교토를 폭격하지 않았고, 문화유산은 한 민족의 것인 동시에 인류의 재산입니다."라고 피력했고 정상이 참작되었다. 형수의 빨간 치마를 보고 공군의 표상 빨간 마후라를 창안한

이도 김영한 장군이다.

팔만대장경은 몽골군 침입을 격퇴하려는 민족적 염원으로 1236년부터 1251년까지 제작되었다. 산벚나무를 3년 동안 바닷물에 담가 뒤틀림이 없게 하여 자르고, 대패로 다듬어 법문을 붓으로 썼다. 쓴 글자를 한 자 한 자 정성 들여 조각하는데, 1자를 새길 때마다 삼배를 올렸다고 하니, 그 정성을 무엇에 비길 수 있으랴. 해인사란 이름은 부처님의 깨달음을 찍어 새기듯 한다.'라는 화엄경의 해인삼매에서 가져왔다고 하는데 절 건축의 정형으로 지어졌다.

일주문에서 천왕문과 해탈문을 일직선으로 거치며 전생, 현생, 내생이 다 들어 있는 108계단을 올라가니 팔만대장경판을 보관한 장경판전이 보인다. 자세한 설명을 하는 문화해설사는 "여러분은 팔만대장경을 다 읽으셨다."라며 웃었다.

팔만대장경은 가로 70센티미터, 세로 23센티미터에 14자씩 23줄로 앞뒤 644자인 경판이 81,258매로 총 5,233만 152자가 된다고 한다. 한 줄로 쌓으면 백두산 높이보다 500미터가 더 높다니, 한번 읽는 데도 30여 년이 걸려 엄두도 내지 못한단다. 그걸 거쳐왔으니 다 읽었다고 우스개를 하는 것이리라.

남북으로 나란히 수다라장, 보안당, 장경각, 법보전 등 4동의 건물로 배치된 장경판전의 기둥도 108개라고 한다. 법보전은 제일 위쪽에 위치해서 불법을 설하신 석가모니 부처님을 모신 곳이다. 법보전 오른쪽 주련에는 원각도량하처(圓覺道場何處)라 씌어 있고, 왼쪽 주련에는 현금생사즉시(現今生死卽時)라고 적혀 있었다. 즉, 깨달음을 얻는 도량은 어디이냐는 질문에 지금 생사가 있는 이곳, 바로 당신이 발 딛고 있는 여기라고 옆 주련에 답이 있다.

더 놀라운 것은 장경각의 남쪽과 북쪽에 있는 창의 크기가 다르고 서로 엇갈리게 해서 건물 안에 들어간 공기가 아래위로 돌아 나오도록 했다. 대개 대웅전이 맨 위에 있는데, 장경판전이 대적광전보다 높은 곳에 있는 것은 위상뿐만 아니라 가야산 세 계곡이 만나는 지점과 멀지 않아서 항상 바람이 통하도록 배치한 것이란다. 바닥을 숯, 소금, 횟가루, 모래, 황토로 했는데 숯과 소금은 흡착력이 강해 공기와 물을 정화하고 자동 습도조절을 한다. 횟가루, 마사 황토는 해충을 막는 기능이 있다. 이 모두가 대장경판의 변형을 막는 작용을 하니 우리 조상들이 얼마나 과학적이고 지혜로웠는지….

어느 고승이 법문에서 "팔만대장경을 260자로 줄이면 반야심경이고, 5자로 줄이면 일체유심조이며 1자로 줄이면 마음 심(心)이다. 우리의 각자 마음이 바로 불교 경전이다."라고 했다. 현존하는 세계 최고의 금속활자 직지의 주제가 '직지 심체'로 직지인심 견성성불(直指人心·見性成佛)이라는 선종의 불도를 깨닫는 명구에서 비롯되었다.

'참선을 통하여 사람의 마음을 바르게 볼 때, 마음의 본성이 곧 부처님의 마음임을 깨닫게 된다.' 그리고 보니 직지와 팔만대장경의 주제가 일치한다. 직지와 팔만대장경은 우리 민족의 자부심과 긍지를 한없이 드높인다.

    기록문화 답사는 햇빛 담은 아카시아 향기가 싱그럽게 번지듯 잔향이 오래 남는 시간이었다.

답청

 말간 햇살이 따사롭게 내리쬔다. 역시 봄은 빛으로부터 온다. 망백이 넘은 어머니 얼굴에도 홍조가 흐른다. 목욕은 불순물을 제거하고 이렇게 혈액 순환을 시키니 자주 해야 하는데 멀리 떨어져 있어 그리 못하니 못내 아쉽다.
 매번 뵐 때마다 근육이 줄어들고 왜소해져서 안타까운데, 그래도 이 딸의 등을 밀어주시니 큰 소리로 자랑이라도 하고 싶다. 이 행복이 몇 년이나 더 갈까 싶으면서도 지금도 지팡이 짚지 않고 걸으시니 이내 감사한 마음이 된다.
 볕이 꽃바람 스치어가는 오늘같이 청명한 날을 그냥 보내기 아쉬워 거풍을 시키려 빨래를 삶았다. 새싹들을 밟는 줄도 모르고 긴 빨랫줄에 널다 보니 앙증맞은 새순들을 무지막지하게 밟았다. 꽃다지, 질경이, 냉이, 달래, 애기똥풀이 씨를 뿌린 듯 다붓하고 돌나물도 줄기를 뻗기 시작한다. 산수유나무는 어느새 개화하여 수줍은 미소를 바람에 날린다. 출가하고 강산이 몇 번 변하였어도 풀꽃들이 수런대는 뒤란은 여전히 평화롭다. 봄이 되면 땅을 밀고 올라와 여린 순으로 꽃을 피우고 다음 해에 더 많은 번식을 하여 빼곡히 한 자리를 차지한다.

어머니가 맨발인 채 뒤란으로 들어오신다. 신발을 잃었나 놀라는 내게 '느 아버지 살아서 답 뭐라 했는데…' 하시기에 그 자리서 스마트폰을 뒤졌다. 봄에 파릇파릇한 풀을 밟으며 거니는 것을 '답청(踏靑)'이라 한다고 쓰여 있었다. 삼월 삼짇날을 '답청절'이라 하여 봄의 연초록 풀을 밟으며 꽃을 구경하고 새소리를 들으며 즐기는 날이라는 것도 알았다. 참으로 낭만적이고 멋스러운 낱말을 하나 배웠다. 우리 조상들이 나물 먹고 물 마시니 대장부 살림살이 이만하면 족하다고 풍류를 즐겼음을 알 수 있었다. 대보름날 오곡 잡곡밥과 온갖 나물 반찬으로 비타민 섭취했듯 답청절에는 맨발로 해토머리 땅 기운을 받아들이곤 한 것이다. 그리고 보니 답청에서 황톳길 밟기가 나온 것은 아닌지 하는 생각이 들었다.

학창 시절 하던 보리밟기가 답청과 비슷하지 않았나 싶다. 한겨울 서릿발이 길게 나온 보리를 밟아 주어야 땅에 바람이 들어가지 않고 뿌리가 안착한다. 토요일 오후 단체로 노력 봉사를 했었다. 지나는 남학생만 봐도 볼이 붉어지던 시절, 발에 밟히는 보리가 어찌나 안됐던지 일부러 보리를 피해 살살 밟았다. 그래도 끝나고 나면 신발에 진흙이 달라붙어 신발보다 훨씬 무거웠는데 지금은 볼 수 없는 보리밭이 마음속에 파랗게 채색되어 있다.

집으로 돌아가는 길 차창 밖은 온통 물오른 봄이다. 큰 희열감에 만화방창이라는 말이 연신 튀어나온다. 세상은 본디 한 송이 꽃이라던 체험을 하는 것 같다. 척박한 땅에서 분홍을 뽑아 올린 진달래와 노랑을 뽑아 올린 개나리가 키 재기를 하고 멀리 산벚나무도 춘심을 자극한다. 봄의 어원이 '보다'라는 동사에서 왔다고 하더니 움트는 모든 것과 꽃피는 뭇 생명이 보인다. 맑은 봄 하늘 아래 조화를 이루며 피어나는 모습을 뇌세포에 업로드한다.

해거름 집에 도착하니 위층에서 이사하느라 분주하다. 연로해서 집을 반으로 줄여 이사하느라 쓸 만한 물건이 많이 버려졌다. 몸집이 큰 피아노가 제일 먼저 보인다. 보기에도 멀쩡하고 소리도 괜찮아 아까운 생각이 들었다. 가벼우면 들고 오고 싶지만 먼저 집에서 이사 올 때 피아노를 처분하고 왔으니 그럴 수도 없다. 어찌할지 이리저리 생각하다가 피아노 사를 운영하는 문우 생각이 났다. 괜한 짓이라는 남편의 말에 단념했으면 좋았을 것을, 이튿날 다 저녁때 피아노가 날 좀 구해 달라고 절규하는 듯하여 망설이다가 문자를 넣었다. 먼저 사진을 보내달라고 하기에 내려가서 찍어 보냈다. 이내 다시 답장이 왔다. "요즈음 오래된 피아노는 중국으로 보내는데 고철값이라 운반하는 인건비도 안 나온다"라고 한다. 내가 세상 물정을 이리 몰랐나 싶어 얼굴이 화끈했다.

우리 결혼할 때 혼수품으로 피아노 해 오면 잘해 왔다는 소리를 들었다. 그 구닥다리 가치 기준으로 문우의 마음을 언짢게 한 것은 아닌지. 긍정적으로 사시고 답청으로 몸을 자주 움직이니 어머니가 건강할 거라는 생각을 했다. 어머니를 닮았다고 하면서 왜 진즉 마음속의 고정관념이나 오지랖을 청소할 생각은 못 했는지.

봄비가 긋는다. 이 비가 그치고 나면 벙글지 않은 봄 꽃눈이 팝콘처럼 터질 것이다. 여린 풀 밟기가 안쓰러우니 답청 효과가 있는 황톳길 밟기를 지속해 봐야겠다.

머시기

"어머이, 불편하신 데 없지유? 목욕 가유." 고향 집에 들어서기 바쁘게 짐짓 청주 사투리를 길게 뺀다.

"아따, 벌써 왔나 부네. 내 시방 나가 봤는디 안 보이드만. 근디 목욕탕에 두억시니 붙었나 보드라. 묵은 몬지 싹 씻어내면 너갱이 나갈 만큼 시원타만 코로나 걸리는 것보다 낫제. 당체 갈 생각을 말어."

모시고 사는 동생이 "두억시니가 붙은 게 아니고 목욕탕에서 코로나 확진자가 발생해 전부 문을 닫았시유. 안 그래요오?" 추임새를 넣듯 제천 사투리로 들어 올린다.

어머니는 고령이지만 모든 것을 혼자 하신다. 코로나가 염려되지만, 목욕만은 딸내미랑 같이하시니 오늘 모시고 가려 했는데….

제천은 충청도이지만 강원도와 경상도의 삼도 접경지로 교통의 요지다. 일찍부터 서울로 너나들이하며 산 것도 있으나 그 지방만의 특이한 사투리가 있다. 언뜻 들으면 민통선 근처 말씨 같기도 하고 경상도 억양같이 들리기도 한다. 청주에 산 지도 벌써 사십 년이 넘었는데 습관이 되어선지 아직도 정착을 못한 이주민 말씨 같다. 제천에 오면 청주 사투리로 희영수를 하고, 청주에서는 제천 억양으로 끝을 올리니 박쥐가 보면 친구 하자고 하겠다.

"어머이, 잘됐네유. 조카들도 왔구 하니 시방 새뱅이 벼락 맞은 야그나 해줘유."

중학생 조카가 호랑이 담배 먹던 이야기냐고 묻는다. 까맣게 잊어버린 옛일을 새삼스럽게 이야기하는 것이라고 보충 설명을 했다.

"머시기, 막내가 고등핵교 다닐 때 저꺼운 야그여. 야가 내 자슥이지만 워서 이리 잘나고 몸집이 좋은 게 나왔는지 지지배들이 줄을 섰어. 그러니께 다른 애들은 눈꼴이 셨겄지. 머시매들 메치서 별중 벌더니 야를 벤소 뒤로 끌고 가 발길질, 주먹질, 뜸배질로 가슴패기, 등어리 할 거 읎이 꼬지매 서루 두루겨 팼댜. 모다깃매를 맞은 야가 옴나설 모타게 됐는디 뒷집 호승이가 보고 꾸지서며 혼구녁을 냈댜. 호승이는 큰애 친구자녀. 경찰을 부르겠다니 그 떨거지들이 기냥 꼬랑지를 내렸다는구만. 호승이는 어려서부터 그렇게 좋은 일을 많이 하더니 시방 서울 즈 동네서 질 왕땡이랴. 저번 설에도 고기 사서 세배 왔드라."

"그류. 그 집은 그전부터 잘 살았는디 서울 가생이의 널룹은 땅이 그린벨트 해제되어 졸부가 되었자녀. 의협심에 배짱도 있으니 씨갑씨 잘 뿌려서 복 받은 거제."

막내가 그때 생각이 나는지 인상을 엄칭이 쓰며 호승이를 칭찬한다.

"머시기, 호승이 어머이는 동네서 별호가 글겅이 할머이였제. 호승이네는 옛날부터 널룹은 땅에 사람들 부리던 지체 높은 양반이었자녀. 동네 사람들한테 도지 안 받고 부치게 했어. 근디 걔네 아부지 먼저 가시고 호승이 어머이가 이냥 서울 아들들 앞세워 씨래기나 된장 맛있다고 그럭 들고 야말머리 읎이 은어 갔댜. 언가니 글겅이 할머이 소리 들었구마. 글겅이가 새뱅이나 올갱이 잡을 때 긁어모으는 싸릿가지로 얼기미처럼 만든 거 아이니. 그렇게 지독하게 늘쿠더니 갈 때 호승이 아부지 유지라며 동네 가운데 있던 땅을 내놓지 않았갔어. 동네 사람들이 모이고 타작할 때 하냥 쓰는 배꼽마당이 되었제. 아직도 칭송이 자자하니 문실문실 커가는 자순들이 복 안 받겄냐?"

"그 복도 복이지만 우리 어머이만큼 복 많은 이 어디 있갔시오? 개똥밭에 굴러도 이승이 낫다자너유. 어머이 연세에 이렇게 건강하신 분 있으면 나와 보드라구."

"머시기, 오늘 경로당에서 들으니 나는 이제 평균 나이라 안 하냐.

요즘 백세시대라 팔십오 세 이전에 죽으면 요절이고, 구십오 세까지 살면 평균이고, 백 세는 살아야 장수했다고 한댜. 도로또 대회에서 핵교 폭력으로 어떤 가시나가 떨려나고 그 자리에 들어온 가시나가 일등 했자녀. 그 양 머시긴가 하는 노래쟁이 얼굴도 이쁘지만 맴이 더 곱더라구. 즈 아부지한테 콩팥을 떼어 줬다자녀. 고것을 사람덜이 알고서 뽑아준 거지. 그래 옛말에 선한 끝은 있어두 악한 끝은 없다고 했자녀. 옛말 그른 거 하나도 읎으닝께 동지간에 노느매기하고 베풀며 의좋게 지내야 햐."

"참 우리 어머이 총기 하나는 끝내줘유. 어머이 배웠으면 한자리 꿰찼을틴디. 누가 우리 어머이 아흔 넘었다고 하갔시오. 동무, 나이 엿 바꿔 먹은 거 아이오? 시방 일제강점기 도로또 찾는 게 옥에 티지만…."

눌째 동생이 등치에 이울리지 않게 익살을 떤다.

종종 맥문동이 어머니 같다고 생각한다. 소나무 잣나무같이 독야청청한 갈맷빛 나무도 아니면서, 여린 풀이 북풍한설 몰아치는 겨울을 지나고도 꼿꼿하게 제 모습을 유지하고 있어서다.

"어머이, 머시기 연방 찾아도 좋으니 만수무강하셔서 사랑의 울타리 돼 주소서."

두 손을 모으며 봄꽃같이 고운 하루를 고이 접어 적바림한다.

블록 틈의 민들레

도심 보도블록 사이에 노란 민들레 한 송이가 활짝 피었다. 척박한 틈새를 강인하게 뚫고 올라와 마침내 은은한 노란빛 아름다움을 피워냈다. 기특하고 예쁘다. 넓은 들판에 자리 잡았으면 보슬보슬한 흙 위에서 찬란한 햇빛 온몸으로 받으며 야생화의 위용을 한껏 뽐낼 수 있을 텐데….

어쩌다가 씨앗이 바람에 날아와 여기 정착했는지, 행인들의 발길에 밟힐까 조마조마하다.

지나가던 소년도 그 틈에서 피어난 민들레가 기특한지 쪼그리고 한참을 들여다보더니 안고 있던 강아지에게 이야기한다.

"들레야. 네 이름을 왜 민들레라고 지은 줄 알아? 이 열악한 환경을 극복한 민들레처럼 씩씩하게 자라라고 그렇게 지은 거야. 알았지?"라고 한다. 소년이 기특해서 이름을 잘 지었다고 했더니 그 강아지를 처음 살 때 장애가 있었다고 한다. 소년도 어려서 다리를 다쳐 동지애로 이런 강아지를 샀단다. 매일 같이 뛰고 운동해서 지금은 좋아졌다며 자기 다리를 보여주는데 흉터가 크다. 어른보다 생각이 깊은 아이가 눈시울을 뜨겁게 한다.

얼마 전 서울에서 지하철을 탔는데, 장애인들의 시위가 진행 중이라 앞 칸에서는 내릴 수 없으니 승객 여러분은 뒤 칸으로 이동해 달라는 방송이 나왔다. 지하철이 멈추고 문이 열리면서 승강장에 휠체어를 탄 수십 명의 장애인이 팻말과 현수막을 들고 서 있는 모습이 보였다. 그들은 생존을 위해 지금도 이동권 투쟁을 하고 있었다. 출구를 찾아 헤매던 장애인이 선로에 추락해 사망하는 사고가 자주 일어난다. 사회적 타살이다. 그런데도 보통 사람들은 우선 불편함에 눈살을 찌푸리고 혐오스러운 대상으로 바라보았다.

장애인이란 몸이나 마음에 상애나 결함이 있어 일상생활이나 사회생활에 제약받는 사람을 말한다. 일상적인 제약은 그들의 생존에 직결되는 문제이다.

지그문트 바우만은 '유동하는 공포'에서 우리는 통제할 수 없는 불안과 공포마저 세계화된 사회에서 살아가고 있어, 언제 어디서 어떻게 될지 모른다고 했다. 누구나 잠재적 장애인이라는 것이다.

요즈음 인구는 줄어드는데 전세대란이 매스미디어를 장식하니 쉽게 이해가 가지 않는다. 어느 집 없는 젊은이는 자기를 부의 장애인이라고 칭한다.

눈으로 보기만 한 사람은 흰 돌이라 하고 만져본 사람은 단단한 돌이라고 우기는 '흰 돌과 단단한 돌'이라는 우화가 『장자의 정원』에 나온다. 희고 단단한 것이 본디 하나여서 우주관에서 보면 모두 한몸인데, 집주인·전세든 사람·집 없는 사람이 각자 자기 입장에서 다르게 보니 같은 집으로 보이지 않는 게다.

장애를 극복하고 강아지에게 들레란 이름으로 사랑을 실천하는 소년이 스승처럼 우러러보이고 블록 틈의 민들레가 더 대견한 날이다.

꿈

눈에 커튼이 드리운 것 같다. 안경을 썼다 벗었다 하며 하루 종일 책 속에 빠졌더니 눈이 좀 쉬었으면 좋겠다고 호소한다. 퇴직하고 활자 중독증 운운하며 눈을 혹사했더니 눈이 충혈되기 시작했다. 더는 못 참겠다는 듯 망막에 이상이 생겨 안과에 가는 횟수가 늘어났다. 나이를 한 살 더하고도 건강을 자신하며 자제를 못하니 보는 사람이 더 안타까운가 보다. 남편은 취미생활도 좋지만, 분서갱유를 아느냐며 넌지시 심경을 토로하기까지 한다. 쇠도 오래 쓰면 닳는 것인데···.

새해에는 취미와 건강의 균형을 유지해야지 하면서도 나쁜 게 아니라는 핑계로 작심삼일이다.

"초등학교를 같이 다녔다고 건강 상태가 다 같은 것은 아니다. 지금 어디가 아픈 것은 그만큼 그 부분을 많이 쓰고 관리 잘 못 했다는 것이다. 50대 이후 품질에 가장 편차가 심한 게 인간이다."라는 라디오 멘트가 맞춤하게 나온다. 날 두고 하는 소리 같다. 건강보다 더 중요한 게 없다 싶어 읽는 것 쓰는 것을 의식적으로 멀리 밀어놓았다.

그런데 안과에서 기다리며 오감이 일어서는 듯한 시구를 발견했으니 참 아이러니한 일이다.

'바람이 날개가 꺾인 채 날지 못하는 건 꿈을 잃었기 때문이다.'라는 기발한 시어를 발견하고 이런 시각으로 볼 수 있는 시인의 창의성이 부러웠다. 이내 마중물이 되어 잠시 잃어버리고 있던 저 밑의 꿈이 되살아난다. 그 시에 매료되어 음미하며 반복하니 좀 긴 시이지만 암송이 되었다. 전파하고픈 마음으로 모임에서 청하지 않아도 좋은 시가 있다고 들려주었다. 시들어 가던 꿈이 물을 만나니 갈라진 논바닥의 벼처럼 싱싱하게 초록을 뽐내며 일어선다.

시인은 '수많은 꿈을 접었다 하더라도 꿈 하나를 더 꾸고 있다면 그게 바로 삶의 이유다.'라는 강력한 메시지로 끝을 맺는다.

'그래, 내게도 수많은 꿈이 있었지. 지금 잠을 자면 꿈을 꾸지만 지금 노력하면 꿈을 이룰 수 있다고 최선을 다했는데, 공직에서 은퇴하며 꿈도 묻어버려야 한다.'라는 잘못된 판단을 했던 것은 아닌지 하는 생각이 이제야 들었다.

나 자신을 나이라는 체면치레의 굴레 속에 가두어 버렸던 게다.

꿈에는 정년이 없으니 내 꿈나무는 속앓이하면서 이제나저제나 주인이 물 주기를 오매불망 기다렸을 것이다.

유엔은 평생 연령 기준을 재정립해서 발표했다. 유엔은 이를 통해 영세부터 십칠 세까지는 미성년, 십팔 세에서 육십오 세까지 청년, 육십육 세에서 칠십 구세까지는 중년, 팔십 세에서 구십 구세까지는 노년, 그리고 백세 이상은 장수 세대라고 규정했다.

영양 섭취와 위생 상태가 좋아지고 의료 기술이 발달하면서 이제 사람들은 전보다 훨씬 오래 살고 건강하게 산다. 칠팔십 세가 넘어서도 청년기의 인지력과 정신력을 유지하면서 활발하게 활동하는 사람이 많다. 그러니 자신이 나이 들었다고 움츠러들 게 아니다. 고령화 사회에서 무엇에든 도전하며 활기차게 살아가자는 것이 취지라고 하는데, 그 기준대로 하면 나는 아직 중년 초입이다.

무서리 내릴 때의 국화처럼 짧은 햇살을 아끼는 나이니 염치없다거나 노욕이라는 소리를 들을까 봐 엄살을 부린 것은 아니었는지. 핑곗거리를 찾으며 지레 뒷방 늙은이를 자처한 꼴이다.

나름대로 열매를 맺은 꿈, 생각만 하고 멀어져 간 산재한 꿈들을 꼽아본다.

버킷리스트에 오를 나의 꿈은 무엇인가. 건강을 지키는 것은 크지 않아도 가장 중요한 일이고, 글 쓰는 사람이니 많은 사람에게 감동을 주는 그런 글을 쓰고 싶다. 평이할 수 있지만 인지상정인 꿈이다. 시인처럼 짧은 언어로 울림을 주지 못하지만 조금 길어도 더 많은 독자가 공감할 수 있는 글이었으면 좋겠다.

글 잘 쓰는데 왕도는 없다. 많이 읽고 많이 생각하고 많이 쓰라는 것이 금과옥조다. 조정래 작가는 다독 40퍼센트, 다상량 40퍼센트, 다작 20퍼센트가 경험상 이상적이라고 말한다.

그것을 참고삼아 건강한 눈도 지키고 더 좋은 글을 쓰기 위한 꿈의 난로에 다시 불을 지펴야겠다. 중용의 딜레마 속에서 불쏘시개에 불이 붙는다.

봄의 에피소드

　여린 새순이 고개를 쏙 내민다. 하도 앙증맞아 꽃 아닌 풀이라도 그냥 좋다. 며칠 전부터 고운 흙에 실금이 가며 두런두런 소리가 들리더니 그 사이로 새 눈이 올라오며 "나 여기 있소." 한다. 잃어버린 아이를 찾은 듯 반갑고 흐뭇해진다. 아무리 매서운 추위가 방해해도 대자연의 순리는 막을 수 없다.
　살을 에는 폭풍우가 몰아치고 두꺼운 얼음이 내리눌리도 입춘이 지나면 여지없이 봄은 시작된다. 절기를 어찌 그리 잘 만들었는지 선인들의 지혜에 감탄하게 된다. 영영 봄은 오지 않을 것만 같은 혹한 속에서 선뜻 이십사절기의 시작을 알리기 때문이다.
　입춘이 되면 새로운 글귀를 짓거나 옛사람의 아름다운 글귀를 써서 봄을 축하하는데 이를 춘련(春聯)이라 한다. '입춘대길 건양다경(立春大吉 建陽多慶)'을 흔히 쓰는데 '입춘에는 크게 좋은 일이 있고,

새해가 시작됨에 경사스러운 일이 많기를 바란다.'라는 뜻의 춘련을 붙였다.

춘련 하면 순수했지만, 무지했던 추억이 떠올라 멋쩍은 웃음이 번져간다. 여고 시절 춘련이라는 이름을 가진 친구가 있었는데, 부를 때는 춘년이라 발음하니 우리는 그 애를 놀렸다. "춘년이 동생은 하년이, 추년이, 동년이겠네."라고. 부모님은 입춘에 얻은 딸이라고 그런 좋은 뜻으로 지으셨을 텐데….

하긴 내 이름 영희(英熙)도 영자가 꽃부리 영(英)인데 꽃 뿌리 영인 줄 알고 '세상에, 아버지는 내 이름을 이리 지으셨을까. 8남매 아들 딸 구분하지 않고 항렬자 희(熙) 자를 넣어주신 것은 좋은데 꽃 뿌리가 빛난다니? 흙 속에 있는 뿌리가 아무리 빛나도 알 수가 없는데 말이지. 형이상학적 이름인가?'라고 이름에 대한 불만을 가지고 있었다. 그때는 교과서에 영희 철수가 많이 나오던 때라 아이들이 놀리면 이런 어쭙잖은 생각을 했다. 나중에는 내가 한 수 더 떠서 내 이름을 소개할 때 "철수 애인, 바둑이 친구 영희"라고 했더니 어느 싱거운 분이 남편 안부를 물을 때 바둑이 잘 있냐고 했다. 하늘 같은 남편을 강아지로 취직시킨 것 같아 이 짓도 그만두었다.

아버지께 직접 여쭤봤으면 정확히 알았을 텐데 아마도 부르기 쉬운 이름을 지었으리라는 고정관념으로 그러지 않았다. 그때는 한창

부드러울 나이였는데 벌써 경직되었다는 것은 청맹과니가 될 소지가 내재해 있었나 보다. 내가 이런 생각을 한 것은 어느 겨울 수상식 때 내 차림에 신경 쓰느라 동행하는 남편이 가을 양복을 입은 것을 모르고 같이 다녀오고부터다. 수고했다며 옷을 받아 걸다 보니 이상하게 옷이 가벼웠다. 자세히 보니 옆에 걸려 있는 같은 색깔의 감색 순모 정장이 서운하다는 듯 빤히 내려다보는데 얼굴이 화끈했다.

"아뿔싸, 헛똑똑이." 소리가 절로 나왔다. 그래도 나는 나이 들며 내 이름을 아주 좋아한다. 부리는 꽃잎이니, 꽃이 빛난다는 것을 확장하면 지지 않는 꽃이다. 지지 않는 꽃은 없지만 이름의 영향인지 대체로 웃으며 산다. 그러다 보니 표정이 밝아서 인상이 좋다는 소리를 듣곤 한다.

노란 봄 햇살이 내리쬐는 보송보송한 흙길이 좋아 발을 내딛다 보니 산수유꽃이 막 피기 시작한다. 봄의 전령사 산수유 가지의 두꺼운 껍질 안에 막 피려는 도톰한 새 눈이 올록볼록하다. 하루 이틀 사이에 만개할 것 같다.

어릴 적 참꽃을 따 먹은 입이 온통 멍든 색깔이 되어 서로 마주 보며 웃던 고운 추억이 떠오른다. 냉이, 꽃다지, 달래 등을 서로 더 뜯느라 발에 진흙이 달라붙어 신발이 두 배도 더 무거웠다. 진달래 뒤에 문둥이가 있다는 소리에 놀라 혼비백산하여 나물 바구니도 놓치고 도망 오던 생각이 난다. 후유 할 즈음에 산수유나무가 보였다. 아이들이 나무 이름을 묻는데 개나리와 같은 노란색이라 개량 개나리일 거라 했으니, 지금도 산수유를 보면 민망해진다.

무식은 여기서 그치지 않았다. 산수유나무 뒤이어 노란 꽃이 피는 생강나무가 있다. 김유정의 동백꽃에 나오는 꽃인데 강원도에서 이리 부른다. 향기가 좋아 생각 좀 하라고 생각 나무라 하는 줄 알았다. 나중에 끝을 조금 잘라 맡아본 뒤에 생강 냄새가 나서 그 이름을 정확히 알았다.

부끄러운 추억도 산들바람에 부풀던 젊음이 있었기에 곱게 소환이 된다. 우리는 꽃이 피기 전 더디 핀다고 수시로 들여다보며 재촉한다. 그러나 피고 나면 지지 않을까 전전긍긍 욕심을 부린다. 봄은 영어로 스프링(Spring)이다. 발음 자체가 탁 튀어 오르는 느낌이다. 이 봄, 꽃에 대한 욕심도 내려놓고 에피소드를 떠올리며 가볍게 비상하고 싶다.

단비

　반가운 빗소리다. 후드득후드득. 얼마나 기다리던 단비인지 벌떡 일어나 창문을 열었다.
　연녹색 생명을 움 틔울 산이 붉은 화마에 휩싸여 얼마나 애간장을 태웠던가. 그렇게 사력을 다해 끄려던 산불이 다 진화되었다. 몇 년은 기다려야 앙다문 꽃봉오리가 팝콘같이 터지려니 애석한 일이다. 과학 문명이 발전해 5G 시대를 열었어도 활활 나오르는 산불을 완전히 잡는 것은 하늘의 도우심이다. 이러할 때 우리는 하늘의 위력에 감사하면서 겸손해진다. 날이 가물어 자연 발화된 산불이 민가와 송이 군락지를 다 태워도, 먼 산 불구경하듯 하며 실내 화단에 물을 주는 내가 한심하다.
　넓은 밭이나 산야의 생명들은 속수무책 물 기다림에 지쳐 발아도 제대로 못 하고 스러질 것만 같을 때 반가운 비가 내리고 있다. 농작

물이 잘 크라고 비료를 주지만 하늘이 내리는 은총의 물비료보다 더 좋은 것이 어디 있으랴. 하도 오랜만에 온 비라 우산도 쓰지 않고 사붓거리며 나선다. 개나리 오동통한 겉껍질을 축이는 빗방울에 시선이 머문다. 새순을 내밀려 두런두런하는 새싹들의 소리에도 귀를 기울인다. 빠져듦도 잠시 코로나 생각이 나서 황급히 발길을 되돌린다.

  집에 오니 거울 속 비 맞은 아낙의 모습이 물에 빠진 생쥐 같다. 귀한 단비지만 어디에나 적당한 것은 아니라는 인식이 든다. 단비가 먹는 물로 확장되어 끓인 물을 다시 끓여 먹지 말라는 말이 떠오른다. 같은 물을 여러 번 끓이면 산소 농도가 달라지고, 잠재적으로 위험한 물질들이 축적된다고 한다. 유해 가스뿐 아니라 비소, 질산염, 불소와 같은 유독 성분이 생겨날 수 있음이다. 불소가 뇌와 신경계에 미치는 악영향을 입증한 연구도 많다고 한다. 칼슘처럼 원래는 인체에 유용한 미네랄 성분이 신장 결석을 유발하는 등의 문제를 일으킬 수도 있다. 다시 끓인 물로 차를 탔을 때 예민한 사람은 맛이 다름을 알 수 있다고 한다. 차를 탈 때 아이들은 포트 안의 물을 꼭 버리고 새 물을 끓이는 게 눈에 거슬렸다. 무엇이든 아껴야 한다는 어려운 시대를 살아온 기성세대가 물 쓰듯 물을 쓰면 안 된다고 배운 고정관념이다. 꼰대 같은 짓을 했구나 싶어 뒤늦게 미안한 생각이 든다.

　미래학자 앨빈 토플러는 새로운 패러다임을 강조했다. "21세기 문맹은 쓰지 못하는 사람도 아니요. 읽지 못하는 사람도 아니다. 과거에는 그러했지만, 앞으로는 배우려 하지 않는 사람, 낡은 지식을 버리려 하지 않는 사람, 재학습을 받지 않으려는 사람."이라고 했다. 오늘을 사는 우리가 잊지 말아야 할 명구이지 싶다.

　찻잔을 들고 창밖을 보며 쇼팽의 「빗방울 전주곡」을 듣는다. 내려다보이는 행인들의 노랑 빨강 우산이 피어나는 꽃송이 같다.

　이 봄, 꽃봉오리 미소 짓게 하는 단비 같은 사람이었으면 좋겠다.

맥문동

때로는 풀 한 포기에서 위로를 받는다. 사계절 한결같은 생명력에 반해 산책코스로 들어선다. 큰 나무들 사이 진초록의 잎들이 다복한 산모롱이에서 발길은 자연스레 멈춘다. 동행인은 해찰한다고 하지만 꽃결 같은 가녀린 초록의 잎결을 그냥 지나칠 수 없다. 절벽 암자의 주춧돌처럼 칼바람과 폭설을 다 받아내고도 청보리의 푸르름을 내뿜는 모양이 내 어머니 같아서다. 보리 '맥' 자와 겨울 '동' 자를 써서, 맥문동(麥門冬)이라 한다. 맥문동이라는 이름은 그 뿌리가 보리의 뿌리와 같은데 수염뿌리가 있고 부추의 잎 같으며 겨울에도 살아 있어 붙여진 것이라 한다.

어머니가 허리를 다쳐서 반 가택 연금이 되었다. 이제 뵈러 가는 것도 제한을 받는데 건강하셔도 올해 아흔다섯이시니 혼자서 목욕할 수 없어 딸이 시중을 드는데 혹 감기를 옮길까 미룰 때가 있다. 꿉꿉

한 것이 낫지 괜스레 깔끔 떨다가 병 옮는다고 괜찮다 하신다. 일리가 있는 말씀이라 미루고 있자니 목에 가시가 걸린 듯 찜찜하다. 산책길에서 내 눈에 들어와 다독여주는 것이 맥문동이다. 어머니는 전화로 안부를 여쭈면 포시러운 사람들이나 아프지, 나 같은 무수리가 어디가 아프겠냐고 안심을 시킨다. 아직도 자식 걱정 안 시키려는 모성이리라. 출근하지 않으면서 못 가 뵙는 안타까움을 꿋꿋한 맥문동이 괜찮다고 위로하는 듯하다.

　어머니는 일제 강점기에 태어나서 정규 교육을 받지 못하고, 입 하나 덜기 위해 일찍 출가하게 되었다. 아버지는 신식 교육을 받은 분이었으니 맞지 않는 혼인이었다. 딸만 내리 셋이나 낳으니, 종갓집이라는 명분을 들먹이며 시앗을 들였다. 감정이 없는 인형처럼 시앗에게 세숫물까지 떠다 바쳤더니 제 미안함에 겨워 스스로 나갔단다. 아픈 말씀을 들으며 세상 잘 만나 많이 배운 자식들보다 현명하셨음에 감탄한다. 배움과 지혜는 비례하지 않는다. 참는 자에게 복이 온다고 밑으로 원하던 아들을 다섯이나 두셨다. 십여 번의 제사에 시부모 봉양, 시동기 간 치다꺼리까지 대가족의 살림을 꾸리느라 누워 계신 모습을 보지 못했다. 밭에서 일하고 들어와 감자 한 사발 깐 후 나를 낳았다는 말씀을 들었고 동생들도 밥 먹다가 출산하곤 하셨다.

　그 당시는 지금 에어컨 없는 집보다 시계 있는 집이 더 드물고,

닥나무 껍질을 한 올 한 올 벗겨 양잿물로 삶아 문종이를 만들어 쓰던 시절이었다. 어머니가 개울에서 맵찬 시집살이 방망이로 두드리듯 빨래 해 온 것을 마당에 던져 버리던 시 계모도 있었다. 6·25 때는 가장을 전쟁터에 보내고 피난민을 상대로 떡을 팔기도 했으니, 살신성인의 호구지책이었다.

이제 어머니의 삶이 좀 편안해지나 했는데 남편이 떠나고 생때같은 맏아들을 가슴에 묻는 참척의 아픔을 겪었다. 그 지난한 세월이 켜켜이 통한으로 쌓였으니, 고통이 오죽했겠는가.

이렇듯 인고의 시절 누적된 화는 치매를 부른다는 게 정설이어서 노파심이 일었다. 하나 어머니는 강건한 유전인자 덕인지 긍정적이고 화통한 성품 덕분인지, 말씀을 반복하는 일 외에는 건강하신 편이라 참으로 감사하다.

교육청이나 학교에서 주로 직장 생활을 했으니, 화단이 잘 조성되지 않은 곳이 없었다. 화려한 꽃과 귀공자 같은 정원수에 시선이 먼저 갔다. 맥문동은 주인공들이 돋보이게 구색 갖춰 심거나, 일품요리의 접시 밑바닥에 까는 상추 정도로 생각했다. 주된 물건의 줄기에 딸린 물건을 말하는 여줄가리로 여겼음이 맞을 것이다.

퇴직 무렵 높은 산에서 골절이 된 후 집 앞 야산을 산책하며 무심했던 맥문동이 눈에 들어오기 시작했다. 맥문동이 들으면 꽃 같던 시절을 다 흘려보내고 나니 나 같은 이파리가 이제야 눈에 들어오더냐고 서운해할 것이다.

맥문동은 덩이뿌리를 쌀뜨물에 하룻저녁 담가 두었다가 한약 탕제로 쓰거나 환제, 가루약으로 사용한다. 주로 호흡기·순환계 질환을 다스리고, 건강 생활에 효험이 있다고 한다. 오뉴월에 나무 밑이나 화단에서 엷은 보라색 꽃이 청신하게 피는데 마디마다 작은 꽃이 어긋나는 총상 꽃차례로 밀착하여 눈길을 끈다. 잎은 한결같이 초록으로 마음을 다독이고 뿌리는 약용으로, 꽃은 행복을 주니 버릴 게 하나도 없는 식물이다. 겨우 한 자 정도의 작고 여린 풀이 제 키보다 몇 배 더 큰 뿌리를 내리는 게 세상 풍파 다 겪고도 의연한 어머니처럼 무던하다. 수목이 혹한을 대비해 잎을 미리 떨굴 때도 납작 엎드리고 있다가 새침하게 제 모습을 드러낸다. 여러해살이풀이라고 하나 추위를 막는 특수 방한복을 입은 것도 아닌데 그저 신기할 따름이다. 꼿꼿한 지조와 절개를 보여주는 맥문동에 봄바람도 미소 띤 갈채를 보내며 지나간다.

맥문동은 매서운 혹한을 이기고도 초중 군자(草中君子)의 단아한 모습으로 따스한 봄볕을 맞이한다. 그런 맥문동을 보며 어머니도 평안하시리라는 위로를 받는다. 함입해서 어머니와 맥문동을 동일시하며 들여다보니 그 속에서 주름진 어머니의 미소가 환하게 피어난다.

사유에 잠기다

생각이 많아졌다. 봄꽃은 피어나도 시국으로 인해 춘래불사춘(春來不似春)이 되어서다. 무슨 교훈을 주려고 이다지도 오래 시비를 가리는가.

태국에서 코로나19가 다시 재발하고 있다는 뉴스에 해외여행 자유화 붐이 일던 90년대 했던 이탈리아 여행이 떠올랐다. 조상들이 물려준 찬란한 문화 관광 수입으로 힘들이지 않고 살아가는 낙천적인 그들이 부러웠다. 그들에 비하면 우리는 비빌 언덕도 없이 맨땅에서 헤딩하며 악착같이 살아온 민족이 아닌가.

고색창연한 성당 사이 대운하에서 노를 저으며 산타 루치아를 열창하던 모습과 오징어 먹물 파스타가 먼저 떠올랐다. 검은 보랏빛 파스타보다 오징어 비린내가 먼저 들이닥쳐 도저히 포크를 댈 수 없었다. 맛있다며 같이 간 일행이 내 것까지 다 먹은 것은 아직도 신기하다.

"여행은 흥미롭게도 지리적이라기보다 심리적인 활동으로 읽을 수 있다. 외적인 여정은 내적으로 욕망하는 여정의 은유다."라고 알랭 드 보통은 말했다.

여행객들은 유난히 식도락에 집착한다. 프랑스에서는 달팽이 요리를 먹어야 하고 태국에서는 생사탕, 중국에서는 산쯔얼을 꼭 먹어야 한다고 한다. 무엇인지도 모르고 산쯔얼을 한번 먹어 보기로 했다. 그런데 그 요리 이야기가 나를 기겁하게 했다. 산쯔얼은 직역하면 쥐가 세 번 찍찍거리는 것을 의미하는데, 금방 낳아서 털도 없는 알 쥐를 먹는다고 한다. 젓가락으로 집을 때 한 번, 소스에 찍을 때 한 번, 입에 넣어 씹을 때 한 번 해서 세 번을 찍찍거리는 것을 즐긴다니 너무나 끔찍하다. 쥐를 부화한 새의 새끼같이 생각한다니 혐오스럽다. 이렇게 먹는 것을 부의 상징으로 여겨 왔으니, 중국에서 바퀴 요리가 하나도 이상할 게 없다. 사람들은 습성을 쉽게 바꿀 수 없다. 대개 어른이 되어도 어릴 때의 음식을 즐겨하지 않는가. 하여 네발 달린 것은 의자만 빼놓고 다 먹는다는 말을 한다.

코로나바이러스는 박쥐와 중간 숙주인 천산갑을 통해서 인간에게 전파되었다고 한다. 중국인들은 그 당시 우한 시장에서 박쥐를 취급하지 않았다고 발뺌하지만, 그것은 박쥐의 속성과 비슷한 이야기이다.

그루잠이 들었던가. 휘어 이익, 찌이익 찍. 단춧구멍만큼 찢어진 사악한 눈의 박쥐가 방향을 잃은 듯 마구 파닥거린다. 날개를 휘저을 때마다 클럽의 사이키델릭 조명같이 순간 번쩍이다가 노려보곤 어느새 사라지곤 한다.

금빛 광채의 왕관을 쓴 재판장이 피고인 박쥐에게 조용히 하라고 주의를 주며 최후 진술을 하라고 한다. 박쥐는 그 조그맣고 사악한 눈을 희번덕거리며 먼저 좌중을 압도한다.

"존경하는 재판장님. 저희는 이제껏 인간들의 식도락을 위하여 온 육신을 아낌없이 보시하고 해충을 한 마리 남김없이 소탕하였습니다. 그런데도 인간들은 공덕을 잊은 채 식도락을 즐기고 대자연을 파괴하여, 저희가 살아갈 환경을 훼손하였습니다. 억울해서 최근 몇 달간 통곡의 밤을 보냈음을 현명하신 혜안으로 통찰하여 주십시오."

박쥐의 최후 진술을 들은 뒤 왕관만 보이는 재판장이 기상천외한 판결을 내렸다.

"큰 재해가 일어나기 전, 반드시 작은 사고와 징후들이 존재한다는 하인리히 법칙을 지혜로운 인간들은 잘 알고 있다. 그래서 지난번 사스와 메르스로 1차 경고하였다. 그럼에도 식도락에 빠져 이를 무시한 것은 물론, 개발이란 이름으로 자연을 계속 파괴하여 이런 결과를 초래하였다. 인류에게 징역 6개월에 집행유예 1년을 선고한다.

탕 탕 탕~."

   인간들은 당연히 전 세계의 박쥐들이 흔적도 없이 사라지게 될 판결을 기대했다. 그러나 재판장은 원고인 인류에게 상상도 할 수 없는 뒤집힌 판결을 내린 것이다. 새로 나올 명판결 신 사전에 오를 세기적 판결이라고 박쥐들이 쾌재를 부른다.

   때맞춰 김정은이 생물학전을 준비한다는 뉴스가 고막을 찢는다. "젠장" 하고 소리를 버럭 질렀으나 입이 붙어서 떨어지지 않는다. 대신 옆에 자던 죄 없는 남편을 쳤는지 무슨 꿈을 그리 요란하게 꾸느냐고 깨운다.

   꿈이라서 참 다행이다. 인간과 박쥐는 상호 공생하고 생물학전에도 대비해야 한다는 예지몽인지, 다시 사유에 잠긴다.

리모델링

좋은 시를 보면 무작정 암송한다. 시인의 의도나 감정을 정확히 몰라도 내가 느끼는 대로 좋아서 흥얼거리다 보면 힐링이 되고 기분이 좋아진다. 그러다 보니 암송하는 시가 수십 편이 되고 때로는 모임에서 분위기에 따라 낭송한다. 내가 낭송하는 시를 듣고 눈물 흘리던 친구가 있었고 인생을 다시 시작하게 되었다고 고마워하던 지인도 있었다.

그날도 최근에 새로 접한 시에 빠져있는데 그 시를 쓴 시인을 우연히 만나게 되었다. 본인의 자작시 암송을 듣더니 기본적인 목소리가 좋다고 시 낭송대회에 나가보라고 적극 권유했다. 곧 이곳에서 두 개의 시 낭송대회가 열린다고.

경험이 없어 많이 망설였다. 생생하게 소설에 차입하기 위하여 잠입도 한다지 않는가. 더 늦기 전에 한번 해 봄이 일거양득이 되지 않을까 하고 합리화를 해버렸다.

　대화에서 내용 이외의 중요성을 말할 때 메라비언의 법칙을 말한다. 대화 상대에게 메시지를 전달하는데 목소리가 차지하는 비율이 38%, 표정 35%, 태도 20%이고 정작 대화 내용은 불과 7%라고 한다. 해서 7:38:55의 법칙이라고도 한다. 그러니 시 낭송대회에서 목소리 38%는 대단한 비율이다.
　타고난 목소리지만 발성을 어떻게 하여 공감을 줄 것인지, 시어의 정확한 발음은 물론 노래하듯 호흡을 이용하여야 한다. 고저장단과 강약으로 시가 지닌 감동을 전하여야 하니, 시어의 고저를 구분하다 보면 강약에서 걸린다. 말을 배운 후 수십 년이 흘렀으니, 모르게 굳어진 억양으로 발음하는 버릇이 많다는 것을 알게 되었다. 고정관념은 나이에 비례해서 선상지 찌꺼기처럼 쌓여 있나는 것도 확인하였다.
　주택을 리모델링할 때 처음 계획대로 고치고 나면 다른 곳이 눈에 거슬렸던 것과 매한가지다. 그래서 애초 예산보다 많이 늘어나는 게 정상이라던 말이 생각났다.
　그러나 이러저러한 어려움이 있어 이제 접을 수밖에 없다고 시인과의 약속을 헌신짝 버리듯 저버릴 수도 없다. 최선을 다하여 연습에 연습을 했다.

 낭송을 하고 나서 연습 때보다 잘했다는 소리를 들었는데 누군가가 짚었다. 왜 시인의 이름을 생략했느냐, 일부러 그랬느냐 하는데 그제야 대형 사고를 친 것을 알게 되었다. 무대 체질이라 떨지 않는다고 자만한 내게 평소에 암기를 잘하니 일부러 그랬다고 오해를 한 모양이다. 글쓰기는 퇴고할 수 있지만 순간 예술은 그 기회가 지나가니 더 어렵다는 것을 확인한 셈이다.

 며칠 전 아래층에서 리모델링을 하니 양해를 구한다는 안내문을 붙였다. 연실 시끄러운 소리가 들린다. 머리로는 이해하나 감각은 벗어나고 싶다고 도리질을 친다.

 텔레비전에서는 마침 사용 연한이 넘은 낡은 주택을 리모델링하다가 무너졌다는 불상사가 보도되고 있다. 들리는 소리가 더 불안하다. 사용 연한을 따져서 안전한지, 예산 내에서 우리 집에 어울리는지를 보는 눈과 정확한 판단이 선행되어야 한다. 거기에 공동주택에 대한 배려까지 원한다면 무리한 요구일까.

 시 낭송대회가 건물 리모델링과 흡사하다는 생각이 들었다. 사용 연한이 적당하고 투자하는 예산과 이웃에 끼치는 영향을 고려해야 하니 말이다. 시 낭송은 여기에 이웃 같은 청중과 평가하는 심사자의 안목까지 생각해야 하니 쉬운 게 아니다. 우선 연식이 오래된 데다,

시에 내재된 음률을 보고 호흡을 조절하는 습관이 안 된 나도 뉴스와 다르지 않을 거라는 생각이 들었다. 다른 시 낭송에서 받은 인증서와 금상을 감사하게 생각하며 더 이상의 리모델링을 완전히 접기로 했다. 자연의 순환은 섭리지만 막 피어나는 꽃이 예쁘지, 추레하게 떨어지는 떡잎들 곱게 보아주는 이가 있겠는가. 숨탄것들의 순환을 그 누구도 막을 수 없으니 그냥 힐링이 되고 즐기는 시로 만족하자고.

활기가 있어 좋았고 그 열정에 박수를 보낸다는 남편의 한마디가 그나마 위안이 되었다.

이제 철이 드는지

그 애가 거기 있었다. 빛바랜 앨범 속에서 그가 서운한 듯 날 바라본다. 내가 그를 기다리지 못한 자격지심일 것이다. 지인이 기록문화 일을 한다며 오래된 문서나 사진을 부탁해서 뒤져보다가 발견한 중학교 졸업앨범에서다.

그 당시는 중고등학교가 다 시험으로 선발해서 초등학교 6학년부터 상급학교 진학률과 수석을 어느 학교서 내느냐에 명예를 걸었다. 학교가 파하고도 공부 잘하는 몇 명을 남겨놓고 담임선생님께서 특별 지도를 했다. 끝나고 우리 집과 방향이 같은 담임선생님은 꼭 나를 업고가 집 앞에서 내려주셨다. 너무 따스하고 고마워서 더 열심히 공부했는데 중학교 입학시험에서 시간 뺄셈을 덧셈으로 하는 바람에 여중 수석을 놓쳤다. 내 인생 최초의 어처구니없는 실수였다. 어찌나 죄송하던지….

전교 수석은 당연히 도비 장학생인데 2, 3등은 도 교육청에서 시험을 봐서 장학생을 선발했다. 그 당시 우리는 여중·고가 같이 있어서 여중 3등을 한 시원이와 여고 2, 3등 선배가 같이 가기로 했다. 서둘러 나가 기다리니 선배 아버지의 자가용이 멈춰 서기에 얼른 탔다. 타고 보니 시원이가 없었다. 스마트폰은 물론 전화도 없던 시절, 얼른 내려서 기다려야 했다. 열네 살 여자애는 처음 본 분의 자가용을 탄 데다 내성적이어서 그 애는 따로 가나 보다 생각했다.

다글다글 열린 매화꽃 바람 속에 기다리다가 차를 타니 설핏 잠까지 들었다. 시험이 끝나고도 그 애를 볼 수 없었지만, 청주에서 비빔밥을 맛있게 얻어먹고 자가용으로 귀가했다.

그 후 괜스레 미안해서 시원하게 자초지종을 물어보지 못했다. 그 당시는 우열반으로 편성해서 삼 년 동안 사군자의 매(梅) 반 같은 반이었는데. 나는 키가 중간이어서 34번이었고 그 애는 아주 커서 거의 80번에 가까웠다는 것은 이유가 되지 않지만 아슴푸레하다. 소도시여서 대개는 그 여고로 진학했는데 시원이가 보이지 않았다. 서울로 갔나보다 했는데 나중에 들으니 가정 사정으로 고등학교 진학을 포기했다고 한다.

이제 생각하니 앨범 속 그 애는 진학을 포기한 서러운 마음이어서 표정이 굳어 있었으리라. 미안한 마음이 들었지만, 방어기제가 강한 나는 이내 잊어버렸다. 아니 인간은 자기가 보고 싶은 것만 보고 자기 좋은 쪽으로 기억을 편집한다는 말이 맞을지도 모르겠다.

　진학이나 입학 시기에 그 애를 한 번쯤 생각하곤 했는데 앨범을 들춰본 적이 없었다.

　말간 햇살이 삽상한 바람과 어깨동무하니 번개모임을 하자고 한다. 이렇게 좋은 가을날은 습관적으로 운행하던 자가용을 세워 놓고 국화 향기 속을 걷고 싶다. 실은, 모임 장소가 얼마 전 내가 접촉사고를 냈던 식당이어서 망설이다가 대중교통을 이용하기로 했다. 정차된 옆 차를 긁었다는 것을 내면의 아이가 아직 인정하고 싶지 않았나 보다. 이렇게 작은 실수도 트라우마로 남는데 늦어서 선발시험을 보지 못하고 그 여파로 상급학교 진학도 못 한 그 애는 지금 어떻게 살고 있을지. 그때의 실수를 전화위복으로 삼아 행복하게 잘 살고 있으면 좋겠다. 안부가 너무 늦어서 볼 수 없을지 은근히 겁이 나기도 한다.

　초과근무수당도 없던 시절, 매일 방과 후 열성을 다하신 최달옥 선생님. 우리가 중학교 진학 후 서울로 전근 가셔서 고맙고 죄송하다는 말씀도 못 드렸는데 꼭 한번 뵙고 싶다. 앞으로 나아가는 열정에 뒤도 돌아보지 않고 살았는데 앨범 속의 그 애가 나를 철들게 한다.

껍질 벗기

 벗었다. 실오라기 하나 걸치지 않은 속살은 뽀얗고 야들야들하다. 그럼에도 제 의지로 벗은 게 아니어서 겸연쩍은 모양새다.
 오래된 더덕을 쉽게 까려고 단단한 껍질에 칼집을 내어 끓는 물에 담갔다. 껍질을 벗기며 얼마 전 일을 떠올린다. 벗긴 더덕을 보니 스스로 벗어야 당당할 수 있다는 생각이 다시금 든다.
 퇴직하고 근무 시 하지 못한 봉사활동을 찾아보았다. 남들이 꺼리는 화장실 청소부터 시작하여 청주시 1인 1책 펴내기 강사를 하게 되었다. 주위 분들이 '이제 하고 싶은 것을 하니 원 풀었다.'라는 농담을 하며 사회공헌활동도 같이 해 볼 것을 권유했다. 교육을 받고 회원들과 같이 노인 주간보호 센터 공연 및 돌봄 봉사에도 나갔다.
 다재다능한 회원들은 전문가처럼 능숙하게 노래와 악기 연주를 앞에 나가서 하는데, 나는 부끄럽고 쑥스러워 엉거주춤 뒤에서 보조를 하였다. 어정쩡하게 어르신들의 팔을 붙잡고 흥을 돋우는 소극적인 봉사를 한 셈이었다. 적극적으로 봉사하려면 껍질을 완전히 벗고 새로 태어나야 하는데….

40년의 공직 생활로 알게 모르게 몸에 밴 관료의식이나 권위 의식을 먼저 통째로 내려놓아야 한다. 나도 나이 들었지만, 나이를 잊어버리고 눈높이를 맞추어야 한다.

매미는 땅속에서 7년여 고행을 거친 끝에 굼벵이 껍질을 벗었다. 꿀벌도 본래 날 수 없는 몸의 구조 몸통에 비해 날개가 너무 작아서 날 수 없는데, 그것을 모르는 꿀벌은 당연히 날 수 있다는 생각으로 날고 또 나는 연습으로 결국 날게 되었다고 한다.

곤충뿐만 아니라 자작나무도 허연 겉껍질과 누렇고 벌건 속껍질을 모두 벗는다. 그렇게 하얀 아기 속살을 드러내면서 거목으로 성장해 간다. 하지만 만물의 영장이라는 인간은 껍질을 쉽게 벗지 못하고 습관의 굴레 안에서 웅크리고 안주하려 한다.

의복같이 착용해 온 위선의 탈, 체면의 탈을 벗는 것은 말같이 쉬운 일이 아니다. 그 습관을 고쳐야 하회탈같이 웃는 모습이 되고 봉산탈춤으로 관객을 즐겁게 하는 순기능이 발휘되는데 말이다.

적극적인 봉사를 하지 못했다는 아쉬움을 안고 월악산 등산을 하게 되었다. 월악산은 기암괴석과 낙락장송이 어우러져 천혜의 비경을 자랑한다. 암벽을 기어올라 정상의 널따란 바위 위에서 쉬게 되었다.

그곳에 생경한 새의 깃털과 발톱 등이 어지러이 널려 있었다. 처음에는 누가 이곳에서 새를 잡았나 했지만 매의 깃털과 발톱이라고 한다. 남편은 어린 시절을 월악산 아래 동네서 성장해 매의 피가 나는 껍질 벗기를 알고 있었다. 매는 일반적으로 한 40년쯤 살면 부리와 발톱이 무디어지고 날개의 깃털도 빠진다고 한다. 깃털이 빠지니 제대로 날기 어렵고 부리와 발톱이 날카롭지 못하니 먹잇감을 사냥하기 어렵다. 결국 먹지를 못하니 힘이 빠지고 굶어 죽는 것을 받아들일 수밖에 없다고 한다. 그래서 보통 매의 수명을 40년으로 잡는다.

그런데 오래 사는 매들은 다르다. 깃털이 빠지고 부리와 발톱이 무디어지기 시작하면 아무도 없는 바위 꼭대기로 올라간다. 그 매는 거기서 부리로 바위를 쪼고 바위에 부리를 갈기 시작한다. 그렇게 하다 보면 피투성이가 되면서 원래 부리가 빠지고 새 부리가 난다. 새 부리가 나고 상처가 아물면 다시 그 부리로 깃털과 발톱을 물어서 뜯고 뺀다. 생 깃털과 발톱을 빼는 고통이 끝나면 새 깃털과 새 발톱이 돋아나고 그 매는 40년을 더 산다. 피눈물 나는 자기 극복의 과정과 껍질 벗기로 새로 태어나는 것이다.

초등학교 학예회에서나 부르던 노래 실력이지만 매의 피나는 삶을 교훈 삼아 열심히 연습했다. 미치지 아니하면 일정한 정도나 수준에 이르지 못한다는 불광불급(不狂不及)이라는 사자성어가 떠올랐다.

준비하는 자에게 기회가 주어진다고 했던가. 마침, 가수 버금가는 회원이 불참했는데 퍼포먼스가 필요한 순간이었다. 주저주저하는 체면의 껍질을 벗고 용감하게 마이크를 잡았다.

대신 나왔으니 못해도 양해해 주리라 위안하며 민요 한 곡과 트로트 한 곡을 불렀다. 타고난 흥이 있는 데다 한 3년여 라인댄스를 해서 어르신들과 춤사위로 손발을 맞출 수 있었다. 껍질을 벗으니 비로소 매미가 되고 나비가 된 것이다.

요즘은 매미가 이렇게 노래하고 나비는 이런 춤을 춘다며 으스대듯 어르신들의 흥을 돋우었다. 눈을 맞추고 팔을 같이 잡으며 덩실덩실 판을 벌였다. 가장 가까이 있는 사람과 지금 하는 일에 최선을 다할 때 행복함을 실감하며, 전파하는 에너자이저로 다시 태어난 것이다.

'박사 위가 밥사이고 밥사 위에 봉사'라던 우스개가 왜 생겼는지를 알게 되었다.

"사람은 두 번 산다. 생이 한 번뿐이라는 것을 깨달을 때 비로소 두 번째의 생이 시작된다."라고 공자는 일찍이 설파하지 않았던가.

2

여름

미술관에 고향이

고향이 거기에 있다. 바람에 일렁이는 청보리를 그린 〈맥파〉가 향수를 자극하고, 밭두렁 논두렁을 넘어 나붓대는 보리의 군무는 관람객을 환영한다. 서걱거리며 거친 듯 싱싱한 자태로 강한 생명력을 불어넣고 있다. 손끝에 청보리의 맥박이 전해오는 듯하여 팔을 길게 뻗으면 고향 냄새가 물큰하다. 재직 시 근무처에 걸려 있던 작품이라 더 반갑고 발길이 오래 머무른다. 〈맥파〉는 1978년 백양회 공모전 대상 수상작으로 유명하다.

여러 곳에 산재해 있던 보리 작가 송계 박영대 화백의 작품을 한자리에서 감상할 수 있는 전시회 ≪보리 미학≫이다. 출근부 찍느냐는 소리를 들을 만큼 잼처 발길이 향한다.

농부는 늦은 가을 괭이와 고무래로 흙을 낱낱이 부숴가며 땅속에 정성스레 보리 씨앗을 깊이 묻었다. 그런 다음 혹한을 견디는 보리를 내 자식 믿어 주듯 기다려 주었다. 지금은 보리밭을 흔히 볼 수 없어 격세지감을 느끼니 아마 트랙터 같은 농기계가 대신하지 않을지.

봄이 오면 일상처럼 보리밟기를 했다. 뿌리를 단단히 내려야 하는데 언 땅이 녹으면 뿌리가 들떠서 자근자근 밟아 주어야 했다. 학교 다닐 때 체육 시간에 단체로 보리를 밟으면 새싹을 밟는 게 미안하고 발이 무척이나 시렸다.

뙤약볕이 내리쬐는 6월의 들판이 무르익을 때 보리는 시나브로 누렇게 물들어 추수를 재촉한다. 벌써 황맥이 된 것이다. 배고픈 하굣길에 바라보던 누런 들판은 낭만인 동시에 고통이었다. 이십사절기의 하나인 망종은 까끄라기가 있는 곡식이라는 뜻으로 아주 몹쓸 종자를 뜻한다. 행실이 못된 사람을 낮잡아 이를 때 쓰기도 하니 얼마나 따가웠는지 짐작이 간다. 보리타작을 해 본 사람은 아마 생각만 해도 등이 까끌까끌할 것이다. 콩과 보리를 구별하지 못하는 사람을 흔히 숙맥(菽麥)이라고 하니 모자라고 어리석은 짓을 한 자신을 자책하는 말이 되었다. 이렇듯 보리는 귀한 대접을 받지 못한 탓에 여염집 아낙네처럼 검소하다. 그러나 남루하지 않았다.

그 시절은 보릿고개가 있던 절대 빈곤의 시기였으니, 보리까끄라기를 손으로 비빈 다음 후 불어서 먹으면 달보드레한 맛이 일품이었다. 보리 밭둑에 수복하던 하얀 찔레꽃이 아스라하고, 마당에서 도리깨로 보리타작해 몽근 알곡을 거두던 모습이 눈에 선하다. 밀주를 금하던 시절이라 보릿짚 가리에 누룩을 숨겨두기도 하던 시절이었다.

긴 세월 정성을 들인 대작 「황맥」 앞에서 어린 시절의 추억에 잠겨 발걸음이 떨어지지 않는다. 아이 눈에 보리알갱이가 튀어 들어갔는데 안과가 없던 시골이라 부모님이 굉장히 애를 태웠다고 한다. 그 영향인지 한쪽 시력이 좋지 않지만, 그 시절을 생각하면 입가에 미소가 번진다. 『황맥』이 아름답게 익어가는 추억을 소환한 덕이다.

굽히지 않는 강한 의지와 인고로 추운 겨울을 보낸 보리는 작가 자신과 흡사하고 우리 민족성과도 닮아있다. 그는 어려운 시절 독학으로 취업한 직장에 과감하게 사표를 내고, 보리에 매진할 만큼 큰 용기와 결단력을 가진 인간 승리의 표상이다. 미치지 아니하면 높은 경지에 도달하지 못한다는 불광불급이라는 사자성어를 몸소 실천하며, 모든 어려움과 환경을 예술로 승화시켰다. 대영박물관이 그의 작품을 소장하고 외국에서 수시로 초청하는 대작가로 거듭나고 있다.

맷방석에 널린 콩깍지, 엿기름이 담긴 소쿠리와 구멍 나고 해진 도래방석 등 사실적인 표현이 관람객을 고향의 마당으로 데려다 놓는다. 연이어 굽이치는 밭고랑 등 씨앗이 지닌 강한 생명력을 추상적으로 표현했다. 대자연의 순리를 따라 더 깊어진 ≪보리 미학≫ 뒷부분은 작업에서 발생한 재료를 찢고 붙이기를 수십 번 하여, 번지는 우연의 효과를 극대화한 생명 연작으로 피날레를 장식한다.

그리워 찾아가도 옛 모습이 사라진 고향은 몹시 허전하다. ≪보리 미학≫ 전시회는 이런 헛헛한 마음에 향수를 바리바리 채워준다. 초록의 온도로 품어 주는 미술관이 고향이듯 발길이 내처 머문다.

경계

 맑고 높은 하늘에 구름이 끼는가 싶더니 빗줄기가 쏟아진다. 예측할 수 없는 날씨를 그저 시원하다고 생각하며 내리는 모양을 물끄러미 바라본다. 빗방울은 사선으로 내려꽂히더니 동심원을 그리며 퍼져나간다. 큰 물방울이 수직으로 쏟아지니 금세 무심천 물이 늘어나 수계가 높아지는 것 같다.
 내리붓는 빗방울이나 받는 무심천이나 아무 구분을 짓지 않고 조화롭게 화합하는데 땅 위의 사람들은 하천이나 산을 경계로 행정구역이나 국가 간 구분을 짓는다. 무심천을 경계로 상당구, 서원구가 갈리고 한강을 경계로 강남과 강북이 갈린다. 저렇게 합쳐진 물은 막히면 돌아가고 경사가 지면 낙하하여 더 큰 강이나 바다로 나아간다.

예방주사를 신청하는 기간이라 이왕 맞는 것 제때 하자 싶어 매뉴얼대로 하는데 컴퓨터가 꼼짝도 하지 않는다. 벌써 노약자나 어르신이란 말을 들어야 하나 싶어 남의 신발을 신은 듯 불편했는데, 이래서 그렇게 부르는구나 싶어 쓴웃음이 나왔다. 그래도 의지의 한국인이 포기할쏘냐 싶어 다시 매달렸다. 십여 번을 헛손질하고 나니 막히면 돌아가는 물의 지혜가 떠올랐다. 신청하는 사람이 많아서 과부하가 걸렸나보다 생각하고 딴청을 피우다가 이틀 후에 다시 해 보았다. 국민 비서 서비스에서 신청이 되었다고 그제야 연락이 왔다. 그러면 그렇지, 아직은 인터넷도 잘 못 하는 노약자 어르신은 아니라는 위안이 되었다.

신청한 날짜에 주사를 맞고 이상이 있을까 걱정했으나 조금 추운 것 외에는 괜찮았다. 만 3일이 지나고 예방주사를 겁내는 친구들이 있는 카톡 방에 경과보고를 했다. 잘했다는 칭찬이 쏟아지며 친구들도 신청하겠다고 한다.

어떤 지침이나 제도가 시행될 때, 변화를 두려워하는 우리는 우선 겁부터 낸다. 점점 더워지는 날씨에 중병 환자처럼 마스크를 착용하는 것은 불편하지 않은지 뉴스에서 이상이 발생했다고 하면 그 경계의 벽을 더 높이 쌓는다.

고정관념은 나이에 비례한다고 하고, 아는 게 병이라는 말이 있다. 나는 맞고 너는 틀린다거나 어느 예방주사는 꼭 이상 반응을 일으킨다는 말이 그렇다. 먼저 맞아 보니 너무 따지지 말고 흐르는 물같이 서로 보내고 받아 섞이면서 순응하는 자세가 삶의 지혜라는 터득이 되었다.

그래서 직지심체요절을 초록하신 백운화상은 「무심가」에서 이렇게 노래하셨나 보다.
"만일 사람의 마음이 억지로 이름 짓지 아니하면 좋고 나쁨이 무엇을 좇아 일어나겠는가. 어리석은 사람은 경계만 잊으려 하되 마음은 잊으려 하지 않고, 지혜로운 사람은 마음을 잊으려 하되 경계를 잊으려 하지 않는구나. 마음을 잊으면 경계가 저절로 고요해지고 경계가 고요해지면 마음이 저절로 움직이지 않나니. 이것이 바로 무심(無心)의 진종(眞宗)이니라."
경계를 짓지 않는 빗방울이 여전히 무심천에 떨어진다. 때로는 무심함이 정신건강에 가장 좋다고 일러준다. 이 비가 그치고 나면 무심천변 수목은 갈맷빛으로 한 뼘씩 더 자랄 것이다.

표구에 담긴 세월

 '반짝이는 것은 다 금이 아니다.'라는 격언이 있지만 햇볕이 쏟아져 들어올 때 그것은 금보다 더 짜릿하고 심쿵하게 메시지를 전한다. 진짜 금도 아닌 것이 저 속에 무엇이 있어 저리도 반짝이는가.
 한 알의 대추가 익으려면 그 속에 태풍, 천둥, 벼락 몇 개가 있어야 한다고 시인은 노래했다. 아마도 저 속에는 1세기 가까운 인생살이 견딘 인고의 세월이 겹겹이 쌓여 있기 때문이리라. 꿈꾸는 듯한 식물들이 피톤치드 뿜어내는 거실 벽을 그윽하게 바라본다.
 어버이날을 앞두고 아이들이 무겁게 들고 온 것을 알아맞혀 보라고 한다. 전혀 예상치 못했는데 포장을 풀고 나서야 우리 부부의 훈장증과 훈장 두 개를 나란히 넣어 표구한 것임을 알았다.
 두 사람의 부이사관 직급이 새겨진 훈장증 사이에 붉은 리본의 홍조근정훈장 그 자체도 값진데 표구를 잘해서 더 빛이 나고 은은한 광채에 품격이 느껴진다. 격조 높은 값진 예술품으로 승화한 것 같다. 아직 철이 없다고 생각했는데 어떻게 이런 기특한 생각을 했는지, 가슴속을 역류한 눈물 한 방울이 채신머리없이 툭 떨어진다.

퇴직을 앞두고 한 며칠 걸릴 거라는 남편의 뇌동맥류 수술 중에 의료사고가 일어나, 병원에서 39일간 사경을 헤맸다가 퇴원했다. 생사를 넘나들며 10킬로그램 이상이 빠진 허깨비 같은 모습으로 간신히 걸어서 퇴원했으니 연말 훈포장 전수식에 갈 엄두를 내지 못했다. 그저 살아있다는 것이 고마울 뿐 훈포장 전수식 못 가는 것이 뭐 대수랴 싶었다.

후에 집으로 보내온 훈장을 그냥 서랍에 넣어 두었고 부상인 시계는 친구와 지인에게 나눠 주었다. 분명히 쑥스러워 걸지 않았는데 내 생일에 와서 보고 간 자식들이 표구해서 시침 뚝 떼고 걸어놓은 것이다.

부부가 지방공무원으로서 최고의 위치에서 퇴임하는 게 처음이라는 덕담이 '좋은 일에 마가 낀다.'라는 승자의 저주를 불러왔나 보다. 이렇게 아귀가 맞지 않아 잊힌 순간들을 자식들은 그래도 기억하고 있었구나 싶어 목이 멘다.

부부 공무원으로 합산 80여 년을 근무했으니 각종 상장과 표창장, 모범 공무원증, 감사장에 송공패, 기념패, 공로패, 등단증까지 수도 없이 많은 것들이 자기 좀 봐 달라 빼꼼히 고개를 내민다. 진열장이 꼭 기념패 가게 같다. 열심히 산다고 괜스레 쓸데없는 부산물만 양산한 것은 아닌가 싶다.

지금은 세월이 흘러 희소성을 잃었으니 귀한 줄 모르지만, 그 시절 이들이 우리에게 처음 올 때는 가슴 뛰는 기쁨이었을 텐데 세월은 그 가치마저 퇴색시켰다.

부모들은 자식 하는 짓이 흡족하지 않을 때 어려서 이미 예쁜 짓을 많이 했으니 충분하다고 손사래 친다. 그렇게 생각하면 훈장이 아닌 많은 실적의 다른 것들은 자식이 어려서 재롱떨며 효도하던 때의 표상이라고 할지.

흔히들 퇴직하면 제철 히트상품일 때 90퍼센트를 디스카운트하여 파는 이월 상품이 된다고 한다. 나중에는 그냥 가져가라고 해도 가져가지 않는 게 우리 인생이라나. 퇴식 선 낳이 들어서 스스로 철 지난 이월 상품이라고 일찍감치 자신에게 주입했다. 지난날을 잊고 사회 일원으로 내가 할 수 있는 일을 찾아 즐겁게 하고 봉사도 하자고 세뇌하였다.

그 시절 여직원이라 불이익을 받을지 모른다는 노파심과 책임감으로 자정까지 야근하고 새벽 4시에 숙직실 문을 두드려 특근을 오래 하니, 목감기가 걸려서 목소리가 나오지 않았다. 대체 인력을 쓰지 않던 때라 출산하고 보름 만에 눈물을 쏟으며 떼어놓고 출근한 일은 지금도 아이들을 안쓰럽게 보게 된다. 그로 인해 지금 편히 사는 것 같아 가능한 한 노코멘트로 일관한다. 그 애들한테 그 정성을 들였어야 하는 건데….

 눈보라 휘날리고 폭풍우 몰아치던 날, 천둥 치고 벼락이 치던 날들을 용케 견디어 꽃피고 나비가 나는 평화로운 날들을 연출했구나.
 이제 금빛 흔적을 남기고 박제되어 '아, 옛날이여.'가 되었지만 '우리는 이런 사람이었구나.' 잊었던 자존감과 자긍심이 되살아나 에너자이저가 된다. 다시 반짝이는 훈장증과 훈장을 바라본다. 햇볕에 반사되는 금빛 여섯 줄이 나에게 투사되어 표구에 담긴 세월과 다시 이야기가 시작된다.

카타르시스

전시회 초대장이 책 속에 끼어서 왔다. 에드바르 뭉크의 다른 이름 같은 〈절규〉에 호기심이 일었지만 우울하고 불안한 그의 그림과 생애가 먼저 떠올라 망설여졌다. 서울 사는 친구는 전공의 파업으로 이 병원 저 병원을 전전하다가 끝내 남편을 보낸 친구와 꼭 같이 오라는 권유를 한다. 자신이 먼저 겪어서 아는데 슬픔을 외면하지 말고 직면하면서 슬픔은 슬픔으로 치유돼야 한다고 한다. 그녀가 거절하지 않을까 싶었는데 다행히 보고 싶다고 하여 동행했다.

뭉크의 10대 자화상을 시작으로 마지막 죽음을 준비하는 자화상까지 전 세계에 흩어져 있는 23곳의 소장처에서 온 140여 점의 회화와 판화작품을 14개 섹션으로 나누어 전시하고 있었다.

1863년 노르웨이의 레텐에서 태어난 모더니즘 선구자 뭉크는 다섯 살 때 어머니가 결핵으로 사망하고 9년 후 누이 소피에도 결핵으로 사망했다. 어린 나이에 겪은 이별과 상실의 아픔은 평생 그의 인생관이나 화풍에 지대한 영향을 끼쳤으리라.

"나는 자연으로부터 그리지 않는다. 나는 그 영역으로부터 그림을 얻는다."라는 그의 어록이 젊은 뭉크 자화상 벽면을 장식한다. 평소에 본 적이 있는 〈절규〉〈불안〉〈뱀파이어〉〈마돈나〉〈키스〉 등에 자연히 발걸음이 멈춰진다. 아버지 사후 심경이 드러난 자신을 그린 〈생클루의 밤〉 앞에서 아픈 이별을 한 친구가 훌쩍이기 시작했다. 결코 행복하지 않은 음울한 분위기의 그림들이 마음을 흔든 탓인지 금방 전이가 되어 셋이 흐느낌을 감추며 주변을 살폈다. 죽음만큼 큰 슬픔은 아니어도 나름의 상처가 공감을 불러일으켰으리라.

겪은 상처가 트라우마가 되었는지 정신질환으로 고생한 뭉크가 전원에서 여든까지 계속 그림을 그리며 내면을 다스렸다니 감동이다. 친구도 카타르시스를 느꼈는지 나오며 〈절규〉 앞에서 포즈를 취하고 사진을 찍는 여유를 보여 다행이었다.

어두운 분위기를 걷어 내고 가라는 듯 살아서 인정받은 백만장자 미남에 롤스로이스를 모는 성에 사는 화가 베르나르 뷔페 전시가 같이 열리고 있다. 뭉크는 세 여인과 이별하고 독신으로 살았는데 뷔페는 아내 아나벨에 대한 지극한 사랑이 그림에서도 느껴졌다. 색채가 밝고 선명하며 굉장한 정성을 들인 내공이 느껴졌는데, 말년에는 해

골을 그리더니 죽음마저 상상 속의 예술가같이 처리했다. 이런저런 감상평을 이야기하며 차를 마셨다.

"나름 신앙이 깊어 3년여 잘 참아냈다고 주변에서 칭찬하니 마음대로 울 수도 없었어. 사람은 살면서 한두 개의 가면을 쓰고 사는데 오늘은 친구들 덕분에 마음대로 울고 나니 카타르시스가 느껴지네. 역시 친구들밖에 없어."라고 혼자된 친구는 말했다. '너희들이 뭘 알아 하면서 더 슬퍼하지 않을까.' 무척 조심스러웠는데 이내 마음이 편해졌다.

추석 전날 그 친구가 갑자기 아직 취침 안 하면 가요무대를 틀어보라고 했다. 장사익의 스페셜 무대 〈소리길 고향길〉로 데뷔부터 현재까지 가슴을 쥐어짜는 그만의 한스러운 목소리가 울려 퍼졌다. 젊어서 10여 개가 넘는 직업을 선회하면서도 우리 소리를 잊지 않고 좋은 가사에 직접 작곡하여 온몸으로 부르니 감정이입이 더 잘 되었다. 우연인지 뭉크처럼 아버지 묻고 와서 아버지가 하시던 말씀을 떠올리는 대목에서 눈물이 줄줄 흘렀다. 자리를 같이하지는 않지만, 눈물이 폭포수처럼 쏟아질 친구 얼굴이 떠올라 슬픔이 전이되며 나 역시 카타르시스를 느꼈다. 우리는 흔히 좋지 않은 것 더러운 것은 외면하려 하나 용감하게 직면할 때 트라우마를 상쇄시킬 수 있다는 것을 경험했다.

함무라비 법전에 '이에는 이, 눈에는 눈'이라고 복수 주의가 적용되었다고 하는데 심리적으로는 이렇게 유익하게 활용되고 있다. 울고 싶을 때 체면 생각하지 말고 그저 마음껏 울어보자. 우습지 않아도 억지로 웃다 보면 뇌가 착각하여 웃게 된다고 하지만, 때로는 앵무새 웃음보다 절규 같은 울음이 진정한 카타르시스를 불러오니까.

니두 기여

"아이 탑새기가 뭐 이리 많유? 아주 너갱이 나가겄슈."

오랜만에 나들이한다고 막대잡이 하던 친구가 짐짓이 흥감 애길 한다.

매월 하던 동기 모임을 미루다 거지반 구 개월 만에 바람도 쐴 겸 대천으로 가다 원두막 가생이에 차를 세워부렀다.

"수박 맛있슈? 얼마유?" 적자생존이라더니 사투리가 절로 튀어나온다.

"어여 와유. 별맛이야 있겄슈. 대처에 사는 양반덜이 더 잘 알겄쥬. 우리 같은 이가 뭐 알간디유? 짤러논 거 좀 있는디. 따도 안 보구 사유? 긍께 대충 줘유."

총무를 보는 친구가 배춧잎 하나를 꺼내니

"냅둬유. 소나 갖다 멕이게."라고 한다. 친구가 당황하여 만원을

더 꺼내니

"가져 가유. 소가 껍데기만 먹지 알맹이는 안 먹는디유. 차미는 그냥 까 드슈."

"수더분해서 싸게 줄 것 같던 촌사람이 서울 사람 찜 쪄먹는 모도리야."라고 친구가 혀를 내두른다.

충청도의 화법은 느린 화법이 아니라 접는 화법이라는 말이 떠올랐다. 분노가 폭발해도 뜨거운 사랑을 표현해도, 생각하며 반을 접고 넌지시 말한다. 이렇게 오래 생각하며 양반의 품위를 지키니 느려질 수밖에 없는 것이다. 글에서 독자가 행간을 읽어주길 바라는 저자의 심정이라고 할지.

도착했음을 알려주는 대천항 모오리돌이 반색하며 다가온다. 금강산도 식후경이라고 우리는 먼저 어시장으로 향했다.

"그리키 비싸유? 그래두 워틱해유. 우리 스방은 꼭 꽃그이만 자시는디. 암크 이루 주유. 알이 실하게 든 눔으로. 쬐그만 건 쓰잘데기 없이 왜 놓는다? 나 어릴 때 그런 건 개나 멕였슈. 등딱지가 손바닥만큼은 해야 먹잘게 있쥬. 그건 안되야. 빼야. 그리구 쐬주 하나. 긍깨 대충 줘유."

"아따 할매는 아적두 짜웅 하유? 포시러움이 은사 죽음 되어서리."

느적느적 말하는 앞의 손님과 쥔장 말씨가 이 송방의 오랜 단골 같다고 생각하며 양념 집으로 왔다.

"어때 유? 실허 쥬? 드시 유. 까시는 치우고. 근디 밥이 좀 고두밥이라서리." 아까 흥정하던 그 모시 바구니 할매와 할아배가 맞다.

"맛이 꽤 좋으웨. 임자두 좀 혀. 가생이 앉지 말구 복판으로 오구." 할아배는 고드름장아찌 같아도 금슬이 꽤 좋은 부부다.

"그류. 나두 많이 먹어서리 배불러 유. 됐시 유. 반굉일에 아래께 왔든 서울 아들 온다는 디 갈 때 괴기 하구 쓰루메나 사 갖고 가쥬." 연세가 꽤 드셨어도 경제적 여유가 있는 것 같아 보기 좋았다.

오늘따라 손님이 좀 많아선지 쨍그랑 그럭깨지는 소리가 났다.

"괜찮아 유우. 깨지니께 그럭이지. 튀어 오르면 공이지 유. 오늘 진짜 대간햐…."

햇갈기 짝이 없었는디 횟손이 있는 쥔장이다.

"감사해 유. 그만 가 봐야 겄네유. 근디 이 딩게 위의 콩은 깐 기유. 안 깐 기유."

나가면서 널어놓은 콩깍지를 가리킨다.

"냅둬 유우. 글찮어 두 발록구니라 여적 으집에서 글 페까지 다 못 까겠구먼. 손바꿈 못 하면 낭중에 까야 쥬."

니두 기여 79

"야들아. 저 소리 들으니 그 생각나야. 70년대 외국인이 충청도 이발소에 들렀댜. 이발사가 '왔씨유.' 하니 외국인은 'What see You' 하는 것으로 알아들었씨유. 이런 시골에 영어를 하는 이발사가 다 있구나 감탄하며 들어오는 입구에 거울이 있어서 '미러(mirror)'라고 했대유. 근디 이발사는 밀어 달라는 것으로 알아듣고 조는 외국인의 꼬두머리를 바리깡으로 가름마도 읎이 박박 밀어놓았다잖유."

웃던 다른 친구가 거들었다.

"몇이서 보신탕 집엘 갔는디 메뉴가 보신탕과 염소탕이 있어서 주인이 '개 혀유?' 하니까 다들 '개, 개'해서 멀쩡한 사람들이 '말짱 개'가 됐다잖유."

"오늘 먹잘 것 잘하고 지경도 잘했는디 같은 충청도 말 당최 못 알아먹겄다." 했더니 친구가 웃으며 "니두 기여."라고 한다.

"영희 비대면 강의한 거 봤어. 준비도 많이 하고 말도 그만하면 명강사유. 호사바치같이 입성도 좋았는디 사투리 많이 쓰는 게 옥의 티유. 어여쁘니 어울리지 않게 서리. 내를 발쇠꾼이나 뭇방치기로 알아도 할 수 읎어…."

고마운 친구 지적에 얼굴이 화끈했다.

일찍이 소크라테스는 "너 자신을 알라."라고 했다는데 나도 언가니 사투리를 많이 쓴다는 것을 처음 알았다. 지 꼬라지도 모르면서

머리악을 쓰며 발싸심하는 충청도 얼추 토백이….

그날부터 주금(酒禁)에 누룩 장사 애칭은 "니두 기여"가 되었씨유.

맷방석

잠두봉 산책로로 들어서며 맷방석이 떠올랐다. 보행자가 미끄러지지 않도록 매듭을 중간중간 넣어 규칙적으로 연결한 발판을 새로 깔아 놓아서다. 짚으로 만든 둥근 맷방석과는 다른데 왜 그것이 연상되었을까.

새 아파트가 들어서며 잠두봉이 훼손된다고 주민들이 데모까지 했는데 잘못된 선입관이었다는 듯 공원 조성을 잘해 놓았다. 이렇게 해 놓으니, 진흙이 묻지 않으면서 흙의 감촉을 느낄 수 있어 포근하기까지 하다. 부부가 직장이 가깝고 퇴직 후 잠두봉을 산책하자는 계획으로 이주했는데 기대를 저버리지 않았다.

조상님을 이장한 진입로에 등산 매트를 깔아야겠다고 하던 게 이것이었구나 싶었다. 아침에 남편이 아들한테 설명하는데 말도 끝나기 전 내가 더 잘 아는 척 참견했다. 남편은 별말 없었지만, 싫은 표정이 역력해 배려가 부족했음이 느껴졌다. 아차 싶었는데 얼른 사과하지 못했다.

운전자가 방향 등을 켜지 않고 갑자기 끼어들면 접촉 사고가 날 수 있는데 가족이라는 이름으로 편하다고 이런 실수를 저지르곤 한다.

작은 사랑은 상대방이 원하는 것을 해 주는 것이지만 더 큰 사랑은 상대방이 싫어하는 것을 하지 않는 거라고 한다. 머리로는 알면서도 가끔 이런 매너 없음을 보이곤 하니 습관이 잘못 들었나 보다.

얼마 전 가끔 뵙는 선배가 전화했는데 내가 외국 여행 중이라 받지 못했다. 귀국해서 물어보니 사려 깊은 그 선배는 그냥 안부 전화였다고 얼버무렸다. 사실은 맷방석 선배의 모친이 돌아가셔서 알려주고, 이 기회에 좋은 관계를 회복하게 하려는 깊은 뜻이었던 듯하다. 하필이면 해외여행 중이라 확인 못 하고 그런 사실을 몇 달 후 알게 되어 두 선배한테 미안했다. 이렇게 생각할 정도니. 인식하지 못했고 의도하지 않았지만, 선배가 그전에 아주 서운했었다는 걸 그제야 의식했다.

맷방석이라 불리던 선배는 직장에서 만났다. 수더분하고 넉넉해서 부잣집 맏며느리 같았다. 어떤 말이라도 허허 웃으며 구수하게 호응해 주어서 다들 뼈 없이 좋은 사람이라고 했다. 나도 우스개를 잘하는 편이라 맞장구치며 잘 지냈다.

그때는 젊었으니, 주위는 아랑곳하지 않고 앞만 보고 달리던 철없던 때였다. 진학을 접자, S대를 권유하던 선생님이 사무관이 되라며 공직 입문으로 진로를 수정해 주어서 들어온 직장이다. 여자는 사무관 승진을 시키지 않던 시절인데 뭔지도 모르면서 목표가 되었다.

그때는 단재교육연수원을 짓기 전이라 충남·북 전북 3도가 충남에서 연수를 같이 했는데, 200명 중 1등을 하여 벽시계를 부상으로 받았다. 자신감이 고조되어 선배들이 유리천장을 못 뚫으면 내가 뚫겠다는 겁 없는 오기가 발동했다. 가정형편으로 꿈을 수정하여 공직에 입문했으니, 내 존재의 증명을 그렇게 하고 싶었는지 모른다. 운이 따라 주어 개청 이래 여직원 두 번째로 승진하게 되었다. 내 기쁨에 취해서 주위를 배려하지 못하고 발소리가 멀어지는 것을 알지 못했다. 오래되고 편안한 사이일수록 조심하고 그 입장을 헤아려야 했는데….

후배는 선배한테 바른말을 들이대지만, 선배는 후배한테 체면상 요것조것 말하지 못한다는 것도 알지 못했다. 더디게라도 선배가 승진하고 퇴직했더라면 좋았을 것을 아쉽게도 그 직급에서 정년퇴직했다.

세월은 몇 년 후 내게도 퇴직하라고 등을 떠밀었다. 퇴임 후에도 하고 싶은 게 많아 바쁘게 살고, 선배와 같이하는 모임도 없어서 안부를 묻지 않고 무심하게 지나온 세월이 오래되었다. 계속 집안에 우환이 있어 고생한다는 말이 소문으로 들려왔다. 스트레칭하느라 발 건강 발판 밑에 깔아 놓은 수건을 보니 그 선배의 정년 퇴임 수건이 아닌가. 별생각 없이 그저 사용했는데 소문에 일조한 것 같아 식겁하고 얼른 치웠다.

먼 훗날, 할 걸~ 하고 후회하지 말고, 살아야 한다는 생각이 들어 전화기를 들었다. 번호가 바뀌었는지 받지 않는다. 하긴 이제야 안부를 묻는다는 게 새삼스럽고 쑥스러워 수화기를 내려놓았다. 참 어긋나고 어긋나는 인연이다.

선배가 건강하고 좋은 일이 자주 일어나길 기도하며 자연스레 인연이 닿기를 기다리기로 했다. 인간은 어리석어서 죽음에 이르러 철이 나기 때문에 그때 몸무게가 가장 가볍다는 우스개를 한다. 철없음에 철이 난 것을 더하니 제로가 되어서란다. 이 개그가 면피가 되지는 않으리라.

사람은 하루에 6천 번 생각이 바뀐다고 한다. 내일이라도 당장 내 안의 힘센 아이가 맷방석 선배를 찾아 실타래를 풀라고 등짝을 후려쳤으면 좋겠다.

누리달

 온 누리에 생명의 소리가 가득 차 넘친다는 누리달 유월이다. 꽃보다 곱다는 싱그러운 녹음에 취해 콧노래가 절로 나오는데 독서토론회 멤버는 누리달에 꼭 읽어야 할 책으로 『그 산이 정말 거기 있었을까』, 『그 많던 싱아는 누가 다 먹었을까』를 추천했다. 하도 오래전에 읽은 소설이라 처음엔 웬 흘러간 노래인가 하는 느낌이었다.
 그녀의 삼촌이 6·25 때 납북되고 아버지가 남영동 대공 분실에 불려 가 조작된 간첩 누명을 써서 평생을 신원 특이자로 살았다고 한다. 연좌제란 명목으로 분단된 대한민국에서만 일어나는 일이라 무척 억울했단다. 그래서 매년 6월이 되면 박완서 작가의 이 두 권 책을 읽으며 너희들이 6·25를 아느냐고 넋두리한단다.
 6월은 호국보훈의 달이라는 것을 잠시 망각한 자신이 철없어 보이고 전후 세대인 동갑내기 그녀가 참 어른스러워 보였다. 우리는 자본

주의, 물신주의에 물들어 잊고 살 때가 많다. 6·25가 언제 적 이야기인데, 김정은이 툭하면 하는 핵실험이고 탄도미사일 발사 실험인데 하면서 대개가 양치기 소년이 되어 가고 있다.

어느 일간지 주필의 '한국인들만 모르는 세 가지' 사설이 생각났다. "첫째는 한국 사람들은 자기들이 얼마나 잘 사는지 모르는 것 같다. 둘째는 한국인들은 자신들이 얼마나 위험한 북한과의 대치 상황에 놓여있는지 모르는 것 같다. 그리고 한국인은 중국과 일본이 얼마나 강하고 두려운 존재인지 모르는 것 같다."라고 한 것이 셋째였다. 휴전선은 '6·25전쟁의 휴전에 따라서 한반도의 가운데를 가로질러 설정된 군사 경계선'으로 어학사전에 정의되어 있다.

『그 산이 정말 거기 있었을까』는 박완서 작가의 연작 자전소설 그 두 번째 이야기로 참혹한 전쟁의 소용돌이 속에서 몸부림치던 스무 살 박완서 작가의 자기 고백을 담고 있다. 작중 주인공 '나'가 스무 살의 성년으로 들어서던 1951년부터 1953년 결혼할 때까지 성년의 삶을 그렸다. 이 소설은 두려운 이념 전쟁의 현장을 생생하게 묘사하면서도 생명과 삶에 대한 갈망의 순간들을 놓치지 않고 포착해 낸다. 뒤틀린 이념 갈등 아래 삶의 공간을 생생하고 눈물겹게 그렸다. 이 작품은 『그 많던 싱아는 누가 다 먹었을까』의 후속작이다. 작가가 생전에 가장 사랑했던 작품이라고 한다. 처음 출간된 지 30여 년이 된 작품을 박완서 작가 타계 10주기에 맞추어 다시 발간했다니 뜻깊은 일이다.

  당연히 주어진 자유가 아니다. 이름 모를 순국선열들이 흘린 숭고한 피의 대가로 후손들이 평화롭게 살아가고 있다. 젊은이들은 기성세대의 말을 싫어해서 '라테'도 마시지 않는다고 한다. 다음 세대를 이끌어갈 젊은이들이 한 번쯤 읽어 보고 한반도의 현실을 직시했으면 하는 게 그녀의 의미 있는 메시지리라. 정곡을 찌르는 누리 달의 넋두리이지 싶다.

직지의 발자취를 찾아

새순을 틔우는 봄비가 촉촉이 내린다. 모처럼 직지의 발자취를 찾아 나서는 날 비가 내리니 꽃의 해사한 미소는 볼 수 없지만, 꽃길을 걸을 수 있고 비 맞은 연두 잎은 더 싱그러우리라.

백운화상초록불조직지심체요절을 줄여서 직지라 부르는데 구텐베르크의 성서보다 78년이나 빠른 1377년 청주 흥덕사에서 간행되었다. 백운화상이 역대 조선사의 어록을 조록한 것을 세사 석산과 달잠이 묘덕의 시주를 받아 금속활자로 인쇄하였다. 유네스코는 2001년 세계기록유산으로 등재했다. 지난 1천 년간 세계를 바꾼 100대 사건에서 금속활자 발명이 1위로 뽑혀 그 본향에 사는 우리의 자긍심을 높여 주고 있다.

천년의 고찰 여주 신륵사는 여느 사찰처럼 산속에 있지 않고 남한강을 일컫는 여강 근처에 있다. 현존하는 세계 최고의 금속활자 직지

인쇄에 전액 시주를 한 비구니 묘덕이 삭발을 한 곳이다. 어떤 흔적이 남아있을지 궁금했는데 문화해설사가 신륵사 뒤편의 보제존자 석종 비문에 명단이 있다고 한다. 반가운 마음에 우산을 들지 않은 손으로 빗물을 쓸어내리며 만남을 잠시 이어 갔다. 말 없는 유적에도 다양한 빛이 깃들어 있는데 부처님 오신 날 아기 부처를 목욕시키듯 오늘 빗물로 닦아 드렸음인가.

사찰 입구 은행나무 가지 사이에 신묘한 형상이 솟아있다. 신륵사 은행나무에 오신 관세음보살님 같지 않으냐고 하는데, 뭐 눈에는 뭐만 보인다고 내 눈에는 묘덕 스님이 나투신 것으로 보여 감읍했다. 겁 없이 『비망록, 직지로 피어나다』 장편 소설을 쓴 게 벌써 4년 전이니, 저자라기보다 독자가 되었으나 그분에 대한 흠모는 식지 않았다. 비문을 쓰고 「여강미회」라는 시를 지은 목은 이색과 담소를 나누시지 않을지.

아쉬운 발걸음을 돌려 세종대왕이 계신 영릉으로 가는 길가 바위 틈새를 뚫고 진달래 한 송이가 피어 있었다. 그 강인함과 영롱함이 묘덕 스님이 현신하신 듯했다.

노송과 산세가 하도 수려해서 풍수지리에 문외한도 명당의 기를 받은 듯 상쾌함이 느껴졌다. 입구부터 장영실이 발명한 측우기, 천상열차분야지도 등이 진열되어 있었다. 무지한 백성들을 위해 한글을 창제하신 것만도 엄청난 일인데 우리 생활에 필요한 천문학 발전의 조선 과학혁명을 이루셨으니. 정치 경제 군사 외교 문화 예술 등 모든 분야가 발전한 영화로운 태평성대였다. "15세기에 중국은 발명품이 4개고 일본은 하나도 없었는데 세종대에 21개의 발명품으로 1위가 되었다."라고 일본 이토 준따로가 연구 발표했다는 해설사의 설명을 듣고 우리는 무궁한 자부심이 일었다.

세종대왕 사후 예종이 19년 만에 제일의 명당을 찾아 강남의 헌릉에서 천릉을 하여 소헌 왕후와 합장했다고 한다. 유지에 따라 병풍석을 두르지 않고 난간석만 설치한 것을 볼 수 있었다. 상석에 제물을 차려 놓는다는 선입관이 있었는데, 혼(魂)이 노니는 곳이라고 한다. 세계직지문화협회의 '직지 바로 알기 문화답사'의 의미를 되새기게 되었다.

많은 업적이 있고 재위 기간이 길었던 중국 청나라 6대 황제인 건륭황제를 흔히 복 많은 왕으로 치는데, 세종대왕에 비길 수 있겠는가. 가정도 다복하여 역대 가장 많은 18남 4녀의 자녀 중 중전에게서 8남 2녀를 두셨으니. 31년 6개월의 재위 기간으로 54세에 승하하심이 너무나 아쉽다.

여주박물관 신관에서 소설가 류주현 일대기와 작품 세계를 둘러

보았다. 문학관은 꼭 독립사가 아니어도 이런 방법으로 공유하는 방법도 있구나 싶었다.

　가까운 곳에 백운화상이 머물고 입적하신 취암사가 있었다는 흔적을 찾아 고달사지로 향했다. 정확한 위치와 역사 등이 아직 드러나지 않았다고 한다. 여주박물관에 전시된 원종대사 탑비를 복제하여 복원한 비신을 볼 수 있었다. 비신을 바치고 있는 거북이 형상의 귀부가 움직이게 되어 있다. 입적 후에 행적을 용왕님이 보고 심판할 수 있도록 구르게 한 것이라고 한다. 인생을 잘 살아야 한다는 생각이 새삼 들었다.

　백 번 듣는 것이 한 번 보는 것만 못하다는 백문이 불여일견이라는 고사성어를 다시 깨닫는 기회였다. 관심이 많아서 오신 분들이라 직지에 대한 설명도 해박하고 식견과 열정이 뜨거웠다. 사마천은 『사기』에서 궁형을 당하고도 구차하게 살아남은 이유를 후세에 문장을 전하기 위해서라고 했다. 역사란 후대가 기억하고 공유할 때 그 가치가 더 빛을 발하고 소중해지기 때문이다.

여름 예찬

어느새 연둣빛 이파리가 진초록으로 바뀌었다. 괜스레 바쁘다는 핑계로 관심을 두지 않은 새에 녹음의 세상이 된 것이다.

그래서 정조 시대의 문인 유한전은 석농 김광국의 수장품에 부친 글에 "사랑하면 알게 되고, 알면 보이나니, 그때 보이는 것은 전과 같지 않으리라."라고 했나 보다.

오늘은 여름의 향연에 푹 빠져 보리라 생각하며 누에를 닮아서 잠두봉이라고 하는 동산으로 여유롭게 향한다. 아파트 공사로 머리 부분이 잘려 나가서 걱정했는데, 벌써 공방 주인장은 동산 입구의 남은 공터를 새하얀 마거릿과 양귀비가 조화된 꽃밭으로 만들어 놓았다. 흰색과 빨강이 바람에 하늘하늘 흔들리며 가슴속에 종소리를 울린다. 마거릿의 꽃말이 진실한 사랑이고 양귀비의 꽃말이 위안임에 공감하게 된다.

조금 더 올라가면 마거릿과 남보라색 수레국화에 둘러싸인 정자 각이 나온다. 고풍스러운 정자에 올라가면 주위는 온통 꽃밭이고 원경은 초록 물을 뚝뚝 떨어트리는 나무들이다. 넋 놓고 불구경하는 불멍보다 더 좋은 꽃 멍 상태가 되는 것이다. 혼자서 멍때리기 하니 어린 시절 할아버지 댁에 갔던 추억이 고구마 줄기처럼 주렁주렁 딸려 나온다.

먹을 것이 흔하지 않던 어린 시절 여름 방학을 애타게 기다렸다. 해거름에 도착하면 할머니는 금방 꺾은 옥수수를 까만 가마솥에 한 솥 찌고 감자도 쪄 주셨다. 마당에 깔아 놓은 멍석에서 그 특유의 맛에 홀려 게 눈 감추듯 했다.

모닥불을 피워 놓고 둘러앉아 먹던 모습이 지금도 아련하게 떠오른다. 배가 부르면 그제야 하늘에 빛나는 별이 보였다. 저것은 북두칠성 저것은 카시오페이아자리라고 서로 가리켰다. 그러다가 산골짜기에서 양을 치는 외로운 목동의 순수하고도 아름다운 사랑 이야기 알퐁스 도데의 별 이야기로 넘어갔다.

모두가 먼 길을 오느라 피곤한 데다 잔뜩 먹었으니 그 자리에서 잠에 떨어졌다. 멍석에서 잠이 들었는데 아침에 눈을 뜨면 방안이다. 멍석에서 잠든 우리를 기운 좋은 삼촌이 하나하나 안아다가 누인 것이다.

　이튿날은 가까운 도랑에 가서 가재를 잡곤 했다. 돌을 들어내며 서로 더 잡겠다고 경쟁하다 보면 옷이 다 젖어 더운 줄을 몰랐다. 가재 잡기를 하고 나면 호두나무 밑으로 이동했다. 옹골차게 익어야 딱 벌어져서 까기 쉬운데, 풋호두나무에 돌을 던져서 떨어트리고 발로 밟아서 껍질을 깠다. 한 번은 던진 돌이 동생 머리에 맞은 줄 알고 식겁을 했다. 그다음부터는 삼촌이 나무 위에 올라가 흔들었다. 미리 그릇을 준비 못한 남동생들은 주머니에 넣었는데 더 많이 가져가려는 욕심으로 치마에 담아왔다. 나들이 간다고 새로 사준 분홍 원피스가 어떻게 될지 생각을 못한 것이다. 시커멓게 얼룩이 들었으니 엄마 보기가 겁이 나서 할아버지 댁에 더 오래 머물지 않았나 싶다. 나중에는 풋콩도 모닥불에 구워 먹고 남의 밭에서 참외 서리도 했다. 지금이야 남의 밭에서 수확물을 가져가면 도둑 취급을 빋지만, 그때는 서리라고 해서 주인이 알아도 크게 문제가 되지 않던 인심 좋던 때이다. 옥수수 알처럼 촘촘하게 박혀있다가 지금도 한 장의 그림으로 나타나곤 하는 충만하고 행복한 시절이었다.

　그렇게 자연을 품고 살다가 집으로 가면 산골 아이 따로 없다고 가족들은 어처구니가 없는 듯 웃었다. 새 옷에는 호두물과 풀물이 들었고 모닥불로 옷에 구멍이 나기도 했다. 온몸에 상처가 나고 모기에 뜯긴 자국으로 벌겋게 부풀어 오르는가 하면 얼굴은 아프리카 아이들처럼 새까매졌다. 꾸중은 좀 들었지만, 마음만은 부자가 되었다. 그 추억을 원고지에 써서 상을 타기도 했으니 지금 글 쓰는 기초가 된 셈이다.

시계추같이 학교와 학원만 왕복하는 요즈음 아이들은 이런 고운 추억을 이해나 할지. 정해진 시스템 속에서 경쟁에 열을 올리며 시간이 나면 게임이나 하는 아이들의 정서가 걱정된다.
에어컨이 없어도 지금같이 덥지 않았고 모기가 윙윙대도 웃음이 나오던 그 여름이 그리워진다.

빈방의 모놀로그

닫힌 문을 열었다. 오래전부터 비어 있었는데도 빈방이란 느낌이 더 드는 것은 딸아이가 출가하고 저만의 짝과 저만의 집으로 떠나고부터다. 생기가 없어진 빈방에 온기를 불어넣지 않아도 뜨거운 공기로 가득 차서 다행이지 싶다. 추운 계절로 접어들었다면 을씨년스러웠을 터인데….

더운 계절에 하는 결혼식이라 이바지 음식을 걱정했는데 이런 부수적인 위로가 숨어 있었나 싶다.

작은 액자에 들어있는 딸아이의 어렸을 적 모습들을 하나하나 들여다본다. 아기를 안 듯 품에 안아본다. 책상 앞에 앉아 그 애가 읽었던 책들에 서서히 눈이 간다. 한 권을 뽑아 천천히 읽는다. 즐겨 읽던 시집인데 왜 진작 공감하며 동기유발을 하지 못했나 하는 후회가 인다. 어려서부터 책을 좋아해 그 속에 파묻혀 사는 아이에게 그런 것 볼 새가 어디 있느냐고 다그쳤다. 극성 부모를 좋게 보지 않으면서 자식이 여봐란듯이 목표를 세우고 거기에 전력 질주하길 바라는 대개의 그런 부모와 다름없었다.

아이들을 위해서 뒤늦게 교육학을 이수하면서 시작의 동기만큼 실천하겠노라 다짐했었다. 돌아서면 바쁜 생활에 함몰되어 야누스의 다른 얼굴이 되었다. 부모는 한결같은 자세로 기다려 주고 믿어주며 지켜봐 줘야 하는데 기다려 주지 못했다. 내 기분에 빠져서 일관성을 유지하지도 못했다. 그때는 '엄마 반성문' 같은 책도 없었던 듯하다.

여러 권 꽂혀있는 노트를 뽑아 펴본다. 오래전부터 그 자리에 꽂혀있는 것을 무심히 보았는데 일기장이다. 아마 아이는 엄마랑 소통하고 싶어 은근히 봐주었으면 했나 본데, 퇴직하고 아이도 떠난 빈방이 되니 이제야 눈에 들어온 것이다.

4학년 때 야영지에 데려다주고 돌아서는데 눈가가 시큰했다. 아이는 왜 그러냐는 듯한 표정으로 멀거니 쳐다봤다. 직장인으로, 엄마로서도 무서울 만치 강한 어른이 왜 우는지 모르겠다고 씌어 있었다. 중학교 2학년 때 도내 영어 웅변대회에서 최우수상을 받고 커플로 같이 나간 친구가 유학을 떠나는데 자기는 못 가서 속상하다고 적혀 있다. 어린 딸을 유학 보내는 엄마가 어디 있느냐고 한마디로 거절한 기억이 났다. 그때 해외 유학은 중학교 졸업 후거나 재학생이면 부모 중 한 사람이 출국해 자녀와 동반해야 합법적이었다. 일취월장하려는 의지가 눈치도 없이 새파랗게 돋아 나오는데 뜻이 꺾인 아이는 그때부터 다른 쪽으로 눈을 돌린 것 같다. 과정이 중요하다고 하지만 골인해야 득점하는 운동경기에서 결과적으로 문전 대쉬(dash)로 그친 이유가 나에게 있었다. 10여 년째 딸 대신 방을 지키는 무심한 분재를 향해 "엄마가 미안하다."라고 중얼거렸다.

인간을 자기 자신에 충실한 선수형 인간과 대선수를 배출하는 감독형 인간으로 이분화하기도 한다. 나는 감독형 인간으로 입문도 못했다는 참회가 밀려온다. 여직원 천여 명 중 하나둘밖에 없는 고위직이란 허울에 씌워서 자식 농사에 최선을 다하지 못했음을 인정한다. 뜨거운 눈물이 밖의 소나기와 박자를 맞추듯 빈방을 두드린다.

당연히 부모가 먼저 갈 텐데 짝이 있어야 맘이 편하지 않겠느냐고 결혼에 관심이 없는 딸을 은근히 채근했다. 콩깍지가 씌더니 일사천리로 진행되어 훤칠한 훈남 사위를 본다고 하객들이 이구동성으로 부러워했다. 그래선지 떨어져 살아선지, 결혼식 날 야영장에서 흘리던 눈물은 일절 보이지 않았다. 그런 내가 빈방에서 눈물을 소품 삼아 참회의 독백을 하다니…

그래서 파울로 코엘료는 "인간은 죄책감을 가지고 태어나기 때문에 행복이 가까이 오면 두려움에 빠져든다."라고 하지 않았나 하며 기분 전환을 해 본다.

그날 어미의 덕담처럼 "존중하고 배려하며 격려하고 응원해서, 건강하고 행복한 가정 이루기를 소망한다." 그날의 졸시 「늘 지금처럼」을 주문 외우듯 암송하며 빈방 모놀로그의 막을 내린다.

    이제 두 사람은 하나가 되리
    천생연분으로 맺어져 한 곳을 바라볼 테니
    이제 두 사람은 외롭지 않으리
    서로가 존중하고 배려하는 동행이 될 터이니
    내게 집중하는 그대 있어 비바람이 두렵지 않네
    서로가 바람막이가 되고 지붕이 될 터이니
    이제 두 사람 앞에는
    사랑의 꽃길만이 펼쳐지리
    이 축복의 대지 위에서
    늘 지금처럼 사랑하며 행복하리라

옹이

전시장을 발싸심한다. 작가의 혼이 녹아든 예술품 앞에서 진선미에 잠기는 일은 얼마나 멋스러운지. 이름난 피서지나 다름없는 쾌적함은 덤이다. 실은 동행인에게 당신이 저 화가같이 잘 산 사람이라는 메시지를 전하고 싶은 마음이 더 크다.

대형 전시장의 다섯 면이 온통 컬러플 하다. '원래 내 것은 하나도 없다.' '만병의 근원은 성냄에 있다.' 등 삶의 지혜 200문장을 적어놓았다. 소녀의 낭랑한 목소리로 읊어주니 꿈의 나라에 온 듯하다.

청주시 통합 출범 10주년을 기념하기 위한 강익중 화가의 소통과 화합 메시지를 담은 ≪청주 가는 길≫이 전시 중이다. 〈내가 아는 것〉 시리즈는 장모님이 사위가 못마땅했는지, "자네는 도대체 아는 게 뭔가"라고 물으셨단다. 가슴에 한이 될 수 있는 마음의 옹이를 위기가 기회라는 듯 그만의 긍정으로 무장하여 창의력으로 승화했다. 이 순간 살아 있음을 안다는 것과 우암산의 품에 달려가 안기고 싶다는 마음뿐이었다. 무엇이 더 있을지 의문이 생기며 동기유발이 되었으리라. 그렇게 시작한 3천 글자로 된 문장이 공간을 가득 채운다. 그는 세계적 작가가 되어 뉴욕에 살면서도 고향 청주의 무심천과 우암산, 짜글이 찌개를 잊은 적이 없다고 한다. 그 마음을 고향 그리는 자필 시에 담아 조화롭게 배치했다. 뉴욕 유학 중 작업할 시간이 없어 버스나 지하철에서 이동하며 그릴 수 있게 3인치 조각을 주머니에 넣고 다니며 습작했다. 3인치 화가로 세상에 널리 알려지며 97년 베니스비엔날레 한국 작가로 참가해 특별상을 받기도 했다.

옹이를 생각하니 캘리포니아 브리슬콘 숲의 소나무 '므두셀라'가 떠올랐다. 수령 4,800년이 넘은 세계에서 가장 오래되었다는 나무의 이름은 969세까지 장수한 성경 속 인물 므두셀라에서 따왔다고 한다. 나무가 잘려 나간 상처가 옹이로 바뀌는 것을 감내하며, 대형 조각품인가 하면 우람한 분재같이 성장했다. 그래서 강철 소나무라고 한다던 기억이 난다. 그 나무에 비하면 인간은 나약한 듯하고 먼저 가신 아버지가 한없이 그리워진다.

선친은 시골에서 한약방을 하시며 의술, 인술을 베푸셨다. 우리 산의 밤나무에서 떨어진 알밤을 이웃이 다 주워가도 그 밤으로 차례를 지내니 우리가 공덕을 베푸는 것이라 하셨다. 그래서였는지 믿는 친구에게 보증을 서주고 그게 옹이가 되어 작고하셨다. 그때 내가 할 수 있는 것은 아무것도 없었다. 그저 가슴이 아프고 신이 원망스러웠다. 사람은 생로병사를 피해 갈 수 없으니 대개 위기를 타개하지 못하고 옹이를 안은 채 스러져 간다고 합리화했다. 아버지를 보낸 후라 동방삭처럼 오래 산 소나무가 그렇게 부러울 수가 없고 만물의 영장이라는 인간의 한계가 느껴졌다.

살면서 보니 대작가만큼 이름이 나지 않았어도 옹이를 삶으로, 삶을 말로, 다시 글로 승화시키며 우뚝 서신 분이 계신다. 병약하게 유복자같이 태어나 수면제 세코날을 숨긴 채 절에서 요양했어도, 인고의 피눈물로 모범이 되는 오늘을 보여주신다. 늘 상대방을 배려하는 마음씨와 말씨, 주인 정신으로 내 가정을 반짝반짝 빛나게 하는 매운 살림 솜씨, 더하여 명작을 유려하게 빚어 놓으신다. 서시에 후배들이 닮고 싶게 자기관리를 철저히 하여 몸에 밴 맵시는 주위를 행복으로 물들인다. 여성이 갖추어야 할 4씨를 모두 갖추고 계심이다.

지난번 동행한 친구도 그렇다. 그가 싸준 떡을 먹다가 목이 메어서 울컥했다. 그녀도 늘 주위를 챙기는데 어제도 다르지 않았다. 초대를 받아 갔는데 떡이 맛있어 봉송 싼다고 주섬주섬 챙기더니, 떡은 가장 맛있게 먹는 사람이 임자라고 차에 놓고 내린다. 그 친구는 해 뜨는 게 겨우 보이는 첩첩산중에서 맏딸로 태어나 남동생들 학교 보내느라 제대로 학교에 다니지 못했다. 그래도 부모나 동생들 한번 탓하지 않고 독학으로 공부하고 열심히 성당엘 다니면서 신심을 쌓았다. 성실한 그 친구를 보며 성당엘 다니고 싶다고 말하는 신도들이 늘어날 정도였다. 그녀는 공직에 합격했는데 큰아버지가 6·25 때 부역하고 월북한 게 문제가 되었다. 발령이 겨우 나더니 국가보안법상 연좌제에 걸려서 신원 특이자로 분류가 되자 얼마 되지 않아 본의 아니게 사표를 냈다. 가슴에 옹이가 깊게 박힐 만도 한데 가을에는 도토리를 주워서 묵을 쑤어 돌리고 겨울이면 만두를 빚어서 이웃을 챙기는 게 습관이 되었다. 그렇게 선행을 베푸는데 신이 착각했는지 남편을 갑자기 데려갔다. 우리들은 모이면 그녀 입장을 헤아리면서도 편하게 이야기하다 보면 남편이란 존재가 튀어나온다. 그녀는 덤덤하게 말한다. "건강하게 오래 사는 남편이 가장 착한 남편이야. 스트레스가 만병의 근원이니 잘해."라고 먼저 겪은 것을 넌지시 알려준다. 감성이 풍부하고 순수한 그녀가 글을 잘 쓸 것 같아 권하면, 개나 소나 다 글 쓰느냐며 출산율이 바닥인데 손자들 잘 봐주는 것도 애국 아니냐고 딴전을 피운다. 본질이 중요한데 취미생활이니 자아실현이니 하며 그녀보다 긴 가방끈에 헛바람만 잔뜩 들어간 것은 아닌지.

　백조가 우아하게 물 위에 떠 있지만 보이지 않는 물속에서 얼마나 부지런히 물 갈퀴질을 했겠느냐 생각하면 밤잠 못 자며 노력하는 모습이 보여 가슴이 먹먹하다. 그분들에 비하면 나의 작은 옹이는 일회용 반창고만 붙여도 무난한데 건강염려 하며 최선을 다하지 않고 적당히 사는 내 의지가 부끄럽다.

　강익중 화가의 전시회를 다녀와서 사유가 깊어진다. 관솔 박힌 소나무 삭정이가 되지 않고 옹이를 둥그런 나이테로 승화시키며 잘살고 있는지.

꽃보다 나무

하얀 샤스타데이지와 남보랏빛 수레국화가 앙상블을 이룬다. 보이지 않는 신이 도란도란 빚어 놓은 오묘한 꽃이 마음마저 행복으로 채색한다. 솔숲 사이로 맑은 볕뉘가 반짝이면 요정의 나라에 온 듯 감미롭다.

꽃은 다 예쁘지만, 무리를 지어서 이렇게 군락을 이룰 때 더 아름답다. 산책을 하는 사람들은 꽃들이 수런거리는 소리를 들으며 이구동성으로 칭찬한다. 화무십일홍이라는 말이 무색하게 봄 내내 피어서 기쁘게 하니 모두 지지 않는 꽃으로 알고 당연시했다.

그 사이 아카시아 진한 향이 온 동산을 뒤덮었고, 바통 터치하듯 고혹적인 밤꽃 향이 잠두봉을 휘감았다. 달빛 밝은 밤에 잠 못 들게 하더니 껍질 벗듯 어느 날 누렇게 변색해 벌레같이 밟힌다. 그 사이 황금빛 햇살을 닮은 금계국이 활짝 피어났다. 피고 지며 앞다투어

갈무리하여 씨방을 맺었다. 아무리 예쁜 꽃도 꽃대가 누리끼리하게 변하고 말라가면 곱게 보이지 않는다. 한창 꽃 피울 때 고운 그 모습은 온데간데없다. 내년의 영화를 위해 씨방을 맺어도 지난 생각으로 곱게 보지 않는다.

이제 새물내 가득한 신록에 눈길을 준다. 연둣빛 새순은 아기 손같이 예쁘고 갈맷빛 녹음은 청소년같이 싱그럽다고 찬탄한다. 나무는 가을이 되어도 고운 단풍으로 마지막 장관을 보여준다고 긍정적으로 끌어올린다.

언제는 꽃에 빠져 살더니 이제는 녹음이 예쁘다고 한다. 선인들도 녹음이나 풀이 꽃보다 예쁘다고 녹음방초승화시(綠陰芳草勝花時)라고 하지 않았는가 하고 비약한다.

아는 것이 좋은 것만은 아니다. 어떤 사물을 긍정하는 동시에 부정히는 역할을 하기 때문이다. 한 생각이 밀려나면 또 다른 생각이 들어앉는다. 인간은 하루에 6천 번의 생각을 한다고 하니 그럴 수밖에. 하긴 대문호 톨스토이도 "나의 변덕스러운 생각을 인류의 법칙으로 만들어 낼 이론을 끌어내리려고 안간힘을 썼다."라고 고백했다.

'썩은 풀 속에 빛은 없으나 반딧불이 태어나 여름밤을 빛낸다. 깨끗함은 더러움에서 나오고 밝음은 어두움에서 비롯된다.'라고 채근

담은 일러주는데 우리는 보이는 것, 아는 것에 연연해서 웃고 웃는다. '잘난 사람보다 편한 사람이 더 좋더라.'라고 하면서.

　사람들은 꽃이 한창 개화했을 때처럼 화려하고 빛나게 살고 싶을 것이다. 그러나 백세시대가 아닌가. 선택해서 살 수 없어도 한동안만 화려한 꽃의 삶보다 신록이 되는 긴 과정을 고요하고 깊게 사는 나무의 삶이 좋을 듯하다. 매서운 바람이 불면 잎은 미련 없이 떨어져 내년을 위한 거름이 된다. 몸체는 의자도 되고 펄프도 되며 그도 저도 아니면 땔감이 되어 차가운 온돌방을 따뜻하게 데워준다.

　꽃보다 나무다. 푸른 물을 뚝뚝 떨어뜨리는 녹음의 계절이 좋다.

거장들의 맞잡은 손

갈맷빛 숲속의 하얀 집은 그림 같다. "건축은 빛과 벽돌이 짓는 시(詩)"라 여겼던 김수근 건축가가 설계한 국립청주박물관은 그 자체가 예술품이다.

매스미디어가 다투어 알려준 ≪어느 수집가의 초대≫를 놓칠세라 사전 예약을 한 터이다. 입구의 관모를 쓰고 도포를 입은 석인상이 어서 오라고 환영한다. 서 안내사노 이건희 회장이 기증한 석조 문화재 중 야외 정원 사이에 재배치한 210여 점 중 한 점이라는 생각이 들었다.

언뜻 보기에 아이들 장난감 같은 청동 방울 앞에 섰다. 그냥 지나치려는데 국보란다. 당시 최고 권력자인 제사장이 주술에 사용한 도구로 사용자의 권위와 힘을 상징한 가치가 높아서인가 보다. 포탄 모양의 간두령, 방울이 두 개 달린 쌍두령, 방울이 여덟 개 달린 팔

주령의 몸체 가운데 十 (열십자) 문양이 있는데 이는 태양을 상징하는 것으로 추정된다고 한다. 금속 문화재 특화 박물관인 국립청주박물관에 가장 맞춤한 전시품이 아닐지….

청풍 부사로 부임한 윤제홍이 단양팔경의 하나인 구담봉을 다섯 개의 봉우리로 다채롭게 그린 구담봉도는 '웅장하고 막힘이 없으며 특별하고 기이하다.'라고 그림 왼쪽에 적어 놓았다. 그것을 제화시 (題畫詩)라 하는데 조선시대 웬만한 선비라면 그 정도는 요즈음 가요 흥얼거리듯 썼다고 한다. 그렇게 함으로써 이미지를 선명하게 부각하여 확대하고 물체를 생동하는 이미지로 다가오게 했다.

가장 기대가 된 정선의 「인왕제색도」가 다가왔다. 인왕산의 장마 후 개이기 시작하는 전경을 담은 진경산수화의 대표작으로 국보이다. 진한 먹을 묻힌 붓으로 물기 머금은 웅장한 상태의 치마바위를 그렸다. 범바위는 인왕산 호랑이가 엎드린 듯한 모습이고, 수성동 계곡은 붓질을 추가하여 그늘진 골짜기로 표현했다. 코끼리바위와 푸른 단풍나무가 있던 청풍 계곡 등을 먹으로만 그렸는데 푸르스름한 빛이 나서 신기했다. 정선은 인왕산 북쪽인 북악산 아래 지금의 청운동에서 52세까지 살았다고 하니 고향 인왕산이 늘 선명하게 자리 잡고 있었음이다.

백자 청화 대나무무늬 각 병에는 청초한 대나무가 청화 안료로 그

려져 있다. 장식이 없는 백자 사발의 굽 안 바닥에 천(天), 지(地), 현(玄), 황(黃) 글자가 새겨져 있다고 한다. 세 번째 사발이 좀 기울어진 것은 그때도 불균형 기법을 쓴 것인지 호기심이 일었다. 색이 눈부시게 희고 유약이 맑고 투명한 조선의 최상품 백자로 국보라 한다.

그 외 거란의 침입을 극복하고자 만든 초조본 대반야바라밀다경, 성스러운 빛을 형상화한 광배와 금동보살삼존입상, 장석과 나뭇결의 조화가 멋스러운 반닫이에 눈길이 많이 갔다. 관람하고 나오며 대강당에서 석조 문화재 운반부터 세척, 배치 작업 과정의 10분짜리 동영상을 보았다. 정원에 무심하게 서 있는 돌장승, 문인석, 무인석 등이 예사로 보이지 않았다.

나오며 곽응종 선생 공적비를 세세히 보았다. 국립청주박물관 건립을 정부에 요청하자 충청북도에서 먼저 부지 3만 평을 희사하라 했다고 한다. 당시 정종택 지사는 이 땅을 마련하기 위해 갖은 방법을 모색했다고 한다. 날마다 약수터에서 물을 떠 가는 곽응종 선생을 만나기 위해 새벽부터 기다려 무릎이 땅에 닿도록 설득하고 부탁했다. 마침내 곽응종 선생이 공익을 위해 평생 피땀 흘려 장만한 부지를 쾌히 기부함으로써, 명암지가 내려다보이는 배산임수의 터에 김수근 건축가가 청주국립박물관을 설계하게 되었다. 안타깝게도 두

분은 1987년 준공을 하기 전 타계해 개관을 보지 못했다. 이건희 회장은 수집한 문화재를 나눔의 철학을 실천하여 기증함으로써, 사후 빼어난 안목을 칭송받고 이름에 귀티를 더했다. 재벌이니 원하는 것을 쉽게 손에 넣고 내놓았다고 여기겠지만, 자식같이 아끼던 수집품이다. 그는 수집한 문화재를 먼저 둘러보고 대화를 나눈 후 출근하곤 했다고 하니.

 삼라만상 물건 곳곳마다 정성 없이 이루어진 것이 없다. 문화 확산을 위한 정종택 지사의 기획과 끈질긴 노력, 곽응종 선생의 통 큰 기부, 한국건축가협회의 수상 작품이 되게 한 빼어난 김수근 건축가의 설계. 거기다 이건희 회장의 기증까지 합심으로 오늘의 초대가 이루어질 수 있었음이다. 애덤 스미스는 『국부론』에서 경제는 보이지 않는 손이 작용한다고 했지만, 거장들의 맞잡은 손에 의해 일반인들도 문화재를 쉬이 관람할 수 있게 되었다.

 ≪어느 수집가의 초대≫를 둘러본 후 생각이 많아졌다. 인간으로 태어났을 때 존재 이유가 분명히 있었을 터이다. 모든 인간을 이롭게 해서 모두가 함께 잘살 수 있도록 한다는 홍익인간이 단군의 건국 이념이다. 그런 역사 인식을 크게 한 적이 있었던가. 보통 사람은 그저 무탈함이 행복이라고 세뇌하며 피상적인 삶을 살아오지는 않았는지. 의식주를 해결하는 생업에 바빠서 홍익인간을 잊고 산 적이

더 많다고 부끄럽지만 고백하지 않을 수 없다.

"나는 근본적으로 문화를 좋거나 나쁜 것으로 우열을 비교할 성질은 아니라고 생각한다. 문화란 단지 다를 뿐이다. 현재 우리 문화의 색깔이 있느냐, 우리 나름의 정체성이 있느냐가 더 중요하다."라고 했다는 이건희 회장의 말씀을 음미하며 벅찬 감동을 안고 발길을 돌렸다.

거장들의 맞잡은 손이 따라오는지 사람살이가 새삼 용소처럼 깊게 느껴진다.

3 ······ 가을

문패

대문 위에 고정된 문패가 안도감을 준다. 올해 아흔다섯이신 어머니가 평상시와 다르다는 연락을 받고 급히 온 길이다. 고령이니 여러 번 비상소집이 되어 이번도 양치기 소년이 아닐지 하면서도 혹시나 하며 불안한 마음이 없지 않다. 사실 문패와 어머니 건강과는 상관관계가 없지만, 어머니의 옥돌 문패가 햇볕을 받아 반짝이니 별일이 없으리라는 믿음이 생긴다.

어머니는 어렵고 힘들었던 일제 강점기에 태어났다. 당시 학교에 가려면 정문은 아버지가, 뒷문은 큰아버지가 지키고 계셨다고 한다. 암탉이 울면 집안 망한다는 그 시대의 잘못된 논리로 등교를 막은 것이다. 학교 앞에서 땅따먹기하는 척 해찰을 떨다가 두 분이 가시면 교실로 살며시 들어갔다고 한다. 정신대에 가지 않으려 조혼하는 게 그 시대의 풍습이었다. 신혼의 단꿈도 잠시, 남편을 6·25 동란의 전쟁터에 보내고 그냥 있을 수 없어 피난민을 상대로 떡을 팔아 생계를 꾸렸다. 남편은 무탈하게 제대했고, 종갓집 맏며느리로 그러구러 살며 팔 남매를 낳았다. 사람 좋은 남편이 오십 대에 친구 보증 서준 게 잘못되어 집에 빨간딱지가 붙었다. 다음에 집 장만하면 달려고 문패를 신줏단지 모시듯 했다. 그런 공도 없이 남편이 화병으로 고주박 쓰러지듯 일어나지 못했다.

한 줌의 재가 되는 나무 문패를 안타까이 바라보며 나중에 집 장만하면 타지 않는 옥돌 문패를 내 이름으로 달아야지 하고 마음속에 새겼다고 한다. 겁날 정도로 자신만 주시하는 자식들 굶기지 않으려고 억척스럽게 안 해 본 일이 없다. 애옥한 형편에도 곰비임비 밑절미를 마련하며 지문이 없어질 정도의 근검절약으로 알천 같은 한옥을 장만했다. 압류로 날린 내 집을 다시 장만하다니 감격해서 잠을 이룰 수 없었다. 제일 먼저 하늘나라 남편한테 아녀자 이름으로 눈패를 걸게 됐다고 고했다. 문패 이야기를 들으며 얼굴이 화끈했다. 자식이 되어 이제야 그런 사실을 인지하게 되었으니….

참으로 죄송하고 평소에 싫어하는 낱말인 출가외인임을 인정하지 않을 수 없었다. 우리는 어떤 사람이나 물체가 그전부터 그냥 그렇게 있어 왔다고 흔히 생각한다. 그 당시 난 이십 대 초반이었고 꿈이 좌절되어 내 설움에 겨워 있었다. 어머니 처지는 전혀 생각지 못한 게다. 어머니는 지금의 나보다 훨씬 적은 나이였고 시간을 금쪽같이 아껴서 만나는 친구도 없으니 의논할 대상도 없었다. 얼마나 외롭고 답답했을지 이제야 어머니의 심정을 헤아리다니 참 어리석은 딸이다.

어머니가 늘 칭찬하셔서, 철없는 딸은 자신이 저절로 큰 효녀인 줄 착각했다. 사람이 물에 빠지면 물고기가 사람을 파먹는다는 선생님의 말씀을 들은 뒤부터 멸치가 들어간 음식도 먹지 않았다. 어머니는 그 바쁜 와중에도 고기를 먹지 않는 딸을 위해 두말하지 않고 만두를 따로 빚었다.

문패를 제작해 오던 날도 뜬눈으로 밤을 새웠다고 한다. 계획대로 하긴 했지만, 그 시절은 배우자가 먼저 가면 남편 잡아먹었다고 하던 시절이었다. 시 계모가 어머니의 성함이 새겨진 문패를 보면 또 악다구니를 할 게 뻔했기 때문이다. 하긴 남편 생시에도 참나무 작대기같이 뻣뻣하다는 소릴 들을 정도로 대가 세었으니 이런 집이라도 마련하지 않았느냐고 할 참이었다. 딸만 셋을 낳자, 어른들이 시앗을 들였는데 세숫물까지 떠다 바치니 미안해서 달포 만에 제 발로 걸어 나갔다고 한다. 심리학을 배우지 않았어도 그 이상 지혜로운 분이시다.

선각자 같은 여자 이름 문패는 벌써 40여 년, 빛나는 별같이 희망을 심었다.

　어머니의 DNA가 전해진 그 딸은 위로받고 존중받을 수 있는 실질적인 문패를 원했다. 겁 없이 여러 지역 신문에 글을 썼다. 이를 눈여겨보아 주신 상사분이 수필가(隨筆家)라는 문패를 달아 주셨다. 거기에 만족하지 못하고 본래의 꿈인 소설가가 되고 싶었다. 가상히 여겼는지 두 개의 문패가 생겼다. 과연 가(家)에 부끄럽지 않은 진정한 진화와 계발로 세상을 배려하는 작가인지 항상 돌아본다. 사반세기가 지났어도 아직 흡족한 글 한 편 제대로 쓰지 못하니 그냥 이름만 명패는 아닌지.

　문패가 어머니를 부적같이 지켜줄 것만 같아, 나오면서 잘 부탁한다는 마음을 기도하듯 정성스레 전했다.

인다호걸(人多豪傑) 청주

 시앗을 보면 부처도 돌아앉는다는 속담이 있다. 남녀의 정이 나뉠 때 얼마나 속이 문드러지는지 한마디로 정의한 말일 게다.
 918년 고려를 연 왕건은 후삼국을 통일하는 과정에서 지방 호족들의 도움을 받아 국가를 안정시키기 위해 혼인 정책을 썼다. 각 지역에 힘이 센 호족의 딸과 결혼하다 보니 신혜왕후 유 씨를 비롯하여 총 29명의 왕비를 두었으며 그들에게서 25남 9녀를 얻었다. 이로 인한 득도 컸지만 오랜 기간 외척에 시달렸다.
 우스개로 한심한 남자는 평생을 본처하고만 사는 남자이고 양심 있는 남자는 본처에 애인이 하나. 세심한 남자는 본처에 애인이 둘. 사심 없는 남자는 본처에 애인이 셋. 열심히 사는 남자는 본처에 애인이 아홉 있는 남자라고 하여 능력(?) 있는 남자들은 자부심을 느낀다. 미투 운동이 일어나며 유머는 슬그머니 자취를 감추었는데 열명도 아니고 목적 달성을 위해 그 세배를 수단으로 썼다니. 고구려의 옛땅을 회복하기 위한 북진정책은 바람직하지만, 가장 많은 여인을 능멸한 왕인 것 같아 자료 수집차 보던 책을 덮었다. 손안에 들어온 책은 다 읽는 편인데 잠시 갈등을 느끼며 꽃집에 들렀다.

처음 보는 야생화에 눈이 간다. 분 하나를 덥석 사서 꼬박꼬박 물을 잘 주었으나 며칠 만에 고개를 떨어뜨린다. 화분을 해체하니 반은 스티로폼을 잘라서 넣고 위에만 흙으로 덮었다. 아직도 아름다운 겉모습에 현혹되는 자신이 한심했다. 정성과 시간을 들여 뿌리를 잘 내려야 줄기도 제대로 자라고 꽃도 오래간다는 평범한 진리를 다시 깨달았다. 꽃도 저러할진대 대대손손 사람살이의 뿌리야 말해 무엇 하랴.

마침 '인다호걸 청주의 명가' 초대를 받았다. 야생화에 충격을 받은 뒤라 관람 후 내 고정 관념에 변화가 일기 시작했다. 하류의 부심천 물도 상류부터 흘러와서 지금 이곳을 지나고 있지 않은가. 변하지 않는 것은 변하지 않는다는 그 문장밖에 없는데, 일천일백 년이 지난 그 옛날의 정책에 호불호를 할 필요가 없다는 생각이 들었다. 에드워드 헬릿 카는 '역사란 현재와 과거의 끊임없는 대화'라 했고 평범한 역사도 비범한 누군가의 손으로 빚어낸 덩어리이다.

청주에 터를 잡고 사는 55개 씨족 중 17개 문중이 대여 기탁하고 기증해 준 자료와 고인쇄박물관이 소장하고 있는 성씨 관련 자료를 중심으로 기획했다고 한다. 인다호걸(人多豪傑)이란 표제도 왕건이 청주를 일러 "땅이 기름지고 인물이 많다."라고 청주의 풍속을 이른 데서 유래했단다. 찬찬히 톺아보며 목민관이 되기를 바라던 선친의 결혼 선물 경주이씨 교지가 떠올라 얼굴이 화끈했다. 의식주 해결하는데 바빠 소중한 문화유산을 간과한 한심함이 혈연을 이어주신 경주이씨 이제현 초상과 파평윤씨 윤관 초상 앞에서 더 부끄러웠다.

1490년대로 추정되는 나신 걸 한글 편지가 전시된 안정 나씨 문중 앞에서는 붙박이가 되었다.

"집에 가 어머님이랑 아기랑 다 반가이 보고 가고자 하다가 장수가 혼자 가시며 날 못 가게 하시니, 못 가서 못 다녀가네. 이런 민망하고 서러운 일이 어디에 있을꼬? 군관 자리에 자망한 후면 내 마음대로 못 하는 것일세. (중략) 분하고 바늘 여섯을 사서 보내네. 집에 못 다녀가니 이런 민망한 일이 어디에 있을꼬. 울고 가네. 어머니와 아기를 모시고 다 잘 계시소. 내년 가을에 나오고자 하네."

아내 신창 맹씨 묘역에서 나온, 가장 오래된 한글 편지라고 한다. 그 시절에도 이런 사랑 편지에 화장품과 필수품을 사서 보낸 로맨틱한 지아비가 있었다니…

우리가 부모와 조상을 선택해서 태어날 수 없어도 억겁의 인연에 의해 가문과 역사는 면면히 이어져 왔으니, 문화유산을 잘 보존한 가문은 명문가가 틀림없다. 우리의 삶은 또 먼 훗날 살아 있는 화석이라 불리는 2억 7천만 년 전에도 있었던 은행나무처럼 오래오래 지속되리니.

교감과 공감

좀 짜다. 육수를 부었더니 싱거운 듯하여 다시 간을 조금 넣어 본다. 요즘 식사 준비를 하면서 자주 하는 버릇이다. 신혼 초에는 조심했는데 타성에 젖어 초심을 잃어버렸음이다. 듬뿍듬뿍 넣으며 나이 들면 음식이 짜진다는 것을 방패로 삼는 것은 아닌지….

친정어머니와 시어머니는 제천의 이웃에 계셔서 나물을 뜯으러 같이 다니셨다.

"청주서 식사하실 때 음식이 싱거워서 불편하시죠?" 딸 가진 죄인이라는 친정어머니의 말씀에 "남편 건강 챙기느라 싱겁게 하는데 잘하는 일이지요. 혼자 먹을 때는 고추장 좀 넣고 비벼 먹어요."라고 하셨단다. 시어머님은 그렇듯 지혜로운 분이셨다.

그런 소리를 들었는데 점점 짜지는 것은 몰랑몰랑한 혀가 뻣뻣해지는 감각에 포위당해서 미각이 둔해졌다는 핑계를 찾고 있는지도 모른다.

　물 없는 오이지를 담글 때는 백오이 백 개에 소금 삼 킬로그램, 설탕 삼 킬로그램, 양조 식초 1.8리터, 작은 소주 한 병이 적당한 조합이다. 오이 크기나 온도에 따라 조금 덜 넣어도 되고 김장 봉투를 뒤집으며 판별할 수 있으니 실패한 적이 없다. 오이지 먹어 본 중에 가장 맛있다는 소리를 들으며 몇 년째 친인척, 지인들과 나누어 먹었는데….

　이렇게 많은 음식을 할 때는 양 조절이 되는데 적은 음식은 일일이 계량스푼을 쓰지 않고 눈대중으로 하다 보니 한결같은 맛이 나지 않는다. 그래도 다행인 것은 뭐든지 그릇에 담을 때는 눈대중으로 하여도 정확하게 맞아떨어지니 종심소욕 불유구(從心所欲 不踰矩)를 생각하며 위안이 된다. 혹자는 마음 내키는 대로 행동을 해도 규범에 어긋나는 일이 없는 공자 같은 성현이 70에 하신 말씀인데 남용된다고 할지도 모른다.

　어느 해인가 김치를 담갔는데 무른 적이 있다. 같은 재료를 넣어 같은 양념으로 했는데 괴이한 일이었다. 나중에 들으니 절일 때 중국산 소금을 사용했거나 일찍 수확한 배추여서 그렇다고 한다. 직접 국산 천일염으로 절이거나 믿을 수 있는 곳에서 절임 배추를 사서 추울 때 하라고 한다. 김장철이 다가오면 약간의 트라우마로 작용해서 매의 눈을 떠보지만, 겉모습만 보고 판단을 하는 보통 사람이니 묘안이 없다.

수업 시간에 몇 번 나오다가 연락이 안 되는 분이 있었다. 점심까지 같이 먹으며 이런저런 대화까지 한 상태라 지난 일을 되짚어 보았다. 건강한지, 내가 실수한 것은 없는지. 회원들과 다 같이 식사한 적이 있는데 청에 못 이겨 점심을 대접받은 게 마음에 걸렸다. 가지 말았든지 같이 갔으면 내가 대접해야 했다.

가끔 수업에 참석했다가 중도에 그만두는 분도 있으니 그럴 수 있는 일인데도 무덤덤할 수가 없었다. 젊은 사람들 말대로 썸을 잘못 탔다는 생각이 들었다. 좋아하는 감정이 썰물과 밀물처럼 교차하다가 의심의 농도가 점점 옅어져 확신이 서야 좋은 인간관계가 형성된다고 관계 계발서는 알려준다.

그분이 7개월여 지나고 자작시 두 편을 보내왔다. 읽다 보니 심신의 아픔이 전이됐다. 교정을 해야 하는 의무를 잊고 콧등이 시큰해지며 몇 달을 오해한 것이 미안했다. 모자를 쓰고 나온 그가 안쓰러웠으나 다시 볼 수 있어서 다행이라는 생각이 들었다. '나는 행복한 사람'이라는 시를 암송하고, 자신을 사랑하는 방법, 긍정의 힘 등을 과도하게 역설했다. 그는 그만으로도 다 치유가 되었다며 이제 괜찮다고 안심을 시킨다.

　서로 접촉하여 사상이나 감정 따위를 함께 나누어 가질 때 교감(交感)한다고 하고, 남의 주장이나 감정, 생각 따위에 찬성하여 자기도 그렇다고 느낄 때 공감한다고 한다. 물론 비슷한 말이지만 같은 종류의 재료라도 신선도나 산지, 양념, 조리 시간 등에 따라 맛도 달라지니 초심으로 돌아가 조심하여 간을 맞추어야 하리라. 거기에 사람은 유전과 환경은 물론, 섭생을 신경 써야 하니 교감하고 공감하기가 쉽지 않다

　예일대 안우경 교수는 『thinking101』에서 "어떤 내용을 자주 접해 익숙한 것을 잘 알거나 잘할 줄 안다고 착각하기 쉬운데 이것이 일이나 공부를 망치는 지름길이다."라고 하며 유창성(流暢性)의 착각이라고 했다. 요리나 인간관계나 고정 관념에서 벗어나 레시피를 한 번 더 찾아보는 정성을 늘여야겠다.

　'좋은 관계가 좋은 인생을 만든다.'라는 금언을 되새기며 교감과 공감으로 깊어지는 가을처럼 무르익고 싶다.

피카소를 만나다

　그는 화가로 자리매김하여 공예전이 낯설게 다가온다. 입체주의 선구자이며 현대미술의 천재 작가로 불리는 피카소 공예전이 열리는 국립현대미술관 청주 전시실 앞이다. 회화뿐만 아니라 도예, 판화, 조각 무대 미술 등 다양한 분야를 넘나든 예술가라고 고정 관념을 수정한다. 명절 연휴라 그런지 계단의 긴 줄은 꼬리를 보이지 않는다. 2021년 기증된 이건희 컬렉션 중 피카소 도예 107점을 사후 50주년에 의미 있게 기획 전시하고 있다.

　기다림으로 일탈을 꿈꾸던 며칠간의 행복이 소환되었다. 모처럼 일주일 가까운 연휴를 핑계 삼아 아이들이 해외여행을 권했다. 살아온 세월을 아는지라 꼭 부모가 가야 하는 티켓이라며 하얀 거짓말로 유혹했다. 웬일로 남편도 쾌히 동조하는 듯해서 못 이기는 척 넘어가고 싶었다. 모처럼 과감하게 훌훌 떠나자. 조상을 기리고 혈연의 뿌리를 돈독히 하는 명절에 어찌 갈 수 있겠느냐로 하루에도 몇 번씩 마음이 도리질을 쳤다. 떠날 준비를 대충 했는데 아버님이 나타나셨다.

"우리 세대는 해외여행을 별로 하지 않아서 살던 집 외에는 못 찾아간다."

너무나 생생한데 꿈이었다. 이제껏 명절 차례와 성묘를 해 왔으니, 생시에 하시던 말씀 그대로를 명징하게 꿈으로 떠올린 게다. 추석이 가까울수록 갈 수 없다는 데로 마음이 기울기 시작했다. 아이들은 아쉬운지 그만큼 했으면 되었다고 부추겼으나 맛있는 아이스크림이 다 녹아 없어지는 것을 아쉽게 바라보아야 했다. 남편은 당연히 그럴 줄 알았다는 듯 스스로 결정했으니 자기 탓은 아니란다. 역시 고수다. 버릇이나 습관이 결국 팔자라고 하던 친구 말이 떠올랐다.

학창 시절은 잘한다는 말에 동기유발이 되어 하지 말라는 짓은 하지 않았다. 공직을 직업으로 선택했으니 제도권 안에서 준법정신은 필수였다. 그렇게 살아온 사람이 언감생심 일탈을 꿈꾸다니….

다행히 우리까지 1차 관람단에 들어갔다.

부러울 것 없이 화가로서 절정을 이룬 말년에 피카소가 지중해 연안 도시 발로 리스에서 휴가를 보내며 새롭게 도전한 장르가 공예이다. 발로 리스는 로마 시대부터 분홍색 황토로 만든 질그릇을 대량

생산해 온 피카소 박물관이 있는 프랑스의 남부 도시이다. 피카소는 6·25가 일어나자 옛 수도원이 있던 반원형 터널에 〈전쟁과 평화〉란 제목으로 벽화를 그려 실상을 알리기도 했다.

그는 발로 리스의 마두라 공방에서 운명같이 자클린 로크를 만났다. 피카소가 공방에서 그녀를 만나고 도예를 본격적으로 접하게 된 것은 화풍을 변화시키는 데 큰 영향을 미쳤다. 피카소의 작품에서 빠질 수 없는 삶과 예술의 원동력인 소재가 여인이듯 그녀를 모델로 한 〈이젤 앞의 자클린〉 등 400여 점의 작품을 남겼다. 노장의 피카소가 더욱 왕성하게 작업을 하도록 도운 조력자이기도 하다. 마두라 공방을 처음 방문했을 때 제작한 〈목신의 머리〉는 신화를 주제로 했다. 반인반마 켄타우로스나 반인반우 미노타우로스와 같은 신화 속 인물에서 자신과 유사함을 발견했고 이를 바탕으로 새로운 이야기를 창조해 냈다. 여인과 동물, 신화와 투우, 사람들과 얼굴 등을 반복적으로 표현하거나 주제의 상충적 결합으로 새로운 창작을 했다.

그는 스페인에서 출생한 만큼 투우장을 즐겨 다녔다. 투우를 언어 없는 대화라고 일컬으며 삶과 죽음에 대한 관념을 예리하게 표현했다. 점점 흙과 불의 특성에 매료되어 해방감을 만끽하며 엄청나게 도예 제작을 해냈다. 도예에서 회화와 조각·회화의 요소를 두루 발견할 수 있는 점은 피카소 도예의 묘미이며, 그 만의 재기발랄함과

천진함이 동시에 드러나는 유희적 도예의 특징이라고 한다.

    대미를 장식하는 영화 ≪피카소를 만나다≫를 뒤로 하고 나오는 길, 끊임없이 새로움을 추구하는 영원한 청춘 피카소는 일탈의 미련을 말끔히 지워 버렸다. "유능한 작가는 베끼지만, 천재적인 작가는 훔친다."라고 한 그의 말을 음미해 본다.

날마다 산스장

구월은 코스모스로 다가와 구절초에 머문다.

푸성귀를 태우는 듯하던 땡볕도, 가슴이 턱턱 막히던 불볕더위도 한풀 꺾이고 이제는 코스모스 긴 목을 간지럽히는 건들마가 불어온다. 지난여름은 하도 더워서 저녁을 먹은 후 산책하러 나갔지만, 이제는 시침이 이등분하기 전 산스장으로 향한다. 산책로에 헬스 시설 갖춘 장소라 산스장으로 부르는데 산뜻한 느낌이 들어 신조어지만, 이름이 마음에 든다. 작열하는 태양 같던 젊은 시절에는 높은 산을 등산하고 격한 운동을 하는 게 습관이 되어 산책의 묘미를 알지 못했다.

좋아하는 책에 빠져 있다 보면 세월에 장사 없다고 그전과는 달리 눈이 아프고 허리가 아프다. 안과에 다니게 되니 남편은 천 냥 중 구백 냥이 눈이라며 눈을 아끼라고 충고한다.

배우고 익히면 또한 즐겁지 아니하냐는 논어 학이편(學而篇)을 들먹여도, 책 만 권을 읽으면 붓끝이 신들린 것처럼 글이 줄줄 써진다는 '독서파만권(讀書破萬卷) 하필여유신(下筆如有神)'을 읊어도 소용이 없다. 오후 네 시면 어김없이 피던 분꽃이 지난여름 하도 더우니 꿈쩍도 하지 않다가 여덟 시가 가까워야 꽃이 피었다. 서양에서 포어클락(four a clock)이라 불리는 분꽃도 환경에 적응하느라 늦은 시간에 피는데, 변화에 적응하지 못하면 만물의 영장이 아니라고 핀잔을 준다. 가장 강한 종족은 힘이 세거나 머리가 좋은 종족이 아니라 변화에 적응해 살아남는 종족이라는 말까지 부언하면서. 마침, 방송에서 나이 든 사람한테 산책이 제일 좋다는 멘트가 나왔다. 컴퓨터 마우스도 움직여야 작동이 된다고 당장 실행했다.

  이제는 습관처럼 하루에 한 번 산스장을 찾는다. 사면이 막힌 헬스장보다 탁 트인 사방세계에 바람까지 불어오는 산스장이 업그레이드된 느낌이다. 산책하고 나면 우선 심신이 상쾌하다. 밝은 기운이 솟아 기를 받는 땅을 명당이라 하는데 명당이 따로 있는가. 산책로에는 사시사철 꽃이 핀다. 산수유, 개나리 노란 꽃으로 시작해서 샤스타데이지, 수레국화, 금계국이 차례로 피어난다. 내게도 은은한 향기가 있다고 개망초꽃도 고개를 쏙 내민다. 봄에는 아카시아 향이 걸음을 늦추게 하고 뒤를 이어 밤꽃향이 온 산을 에워싸며 잡아끈다.

여름에는 칡꽃 향이 사위를 톺아보게 하며 향수를 불러온다. 구월에는 가녀린 코스모스가 보호 본능을 자극하고, 보랏빛 구절초는 사유와 그리움을 머물게 한다. 어느 날은 이들의 속살거림에 빠져들어서 시간 가는 줄 모르고 산천을 벗 삼은 달빛에 소환당하기도 한다.

금세 신록은 갈맷빛으로 변하고 구월이 지나면 고운 단풍으로 물들어서 또 다른 장관을 연출하리라. 겨울이 오면 새벽 숫눈길을 밟으며 태고의 신비 앞에 겸허해지던 초심을 다시 만끽하겠지.

같이 갈 때는 조곤조곤 대화로 정을 나누고 홀로 갈 때는 사색을 한다. 이때가 테스 형을 만나는 시간이다. 풀리지 않던 소설의 마지막이 근사하게 떠오르기도 하고 새로운 글을 낯설게 구성하여 쾌재를 부른다. 매미 소리 새 소리가 장단을 맞추고 개구리 소리도 동심을 불러오곤 한다.

아슬랑아슬랑 걷다 보면 이십여 가지의 운동기구가 있는 플라타너스 그늘이다. 가장 많이 이용하는 꺼꾸리가 비어 있으면 그날은 횡재를 한 기분이다. 꺼꾸리 위에서 보는 세상은 그야말로 거꾸로 서 있다. 나무도 사람도, 나이에 비례하는 고정 관념까지 거꾸로 세우면서 직립하는 인간의 나약한 허리를 바로 잡아 준다. 이건 이래서 좋고 저건 저래서 좋다는 운동기구를 차례로 섭렵하고 나면 잘못된 습관과 체형이 교정된 듯 뿌듯하다. 날마다 산스장을 출입하면서부터 자연스레 병원에 갈 일이 없으니 일석삼조가 아니겠는가.

 쾌식·쾌면·쾌변에 적당한 운동을 해야 건강하다고 하는데 운동을 규칙적으로 하기는 쉽지 않다. 눈과 귀와 심신을 유인하여 건강을 증진하니 규칙적으로 하지 않을 수가 없다. 나는 오늘도 '날마다 산스장'으로 쓰고 '나의 休, 나의 樂'으로 읽는다. 건강은 건강할 때 지켜야 한다고 하지 않는가.

마두금 소리

건들마가 불어오면 지난 더위는 다 잊기 마련이다. 하나 지난여름은 그냥 가지 않았다. 가슴에 인두 자국 같은 문신을 새겨 놓았다. 문신이 요즈음 트렌드 아니냐고 하면 할 말이 없지만 그날을 생각하면 지금도 헛것에 씌운 듯 가슴이 먹먹하다. 그때는 너무 더워서 새로운 피서법에 두 귀가 쫑긋했지만.

우리나라보다 시원한 몽골의 초원에서 태곳적 그대로의 청정한 별을 바라보는 것만으로도 최고의 피서가 될 것 같았다. 초원에서 별을 세고 여전사처럼 말을 타는 푸른 꿈으로 여행을 준비하며 더워서 늘어졌던 오감이 되살아났다. 여름에 추위를 대비해 패딩 점퍼를 준비하다니 그 자체로도 시원하지 않은가. 드디어 그날이 되고 우리 14명은 초록의 꿈을 안고 출발했다.

일행과 의자매일 만큼 친한 여행사 대표가 김치를 비롯한 엄마표

반찬을 손수 해서 풍성한 식탁을 준비하고 날씨까지 좋았다. 귀국 전날 일정에 없던 마두금 연주를 감상하는데 영혼을 흔드는 슬픔이 파도처럼 밀려왔다. 호사다마의 전조였나 보다.

여행이 아무리 좋아도 내 집만 하겠느냐는 귀소본능으로 꼭두새벽부터 분주했다. 아침을 기내식으로 해결했으면 좋았을 텐데 여행사 대표는 굳이 햄버거를 먹여 보내겠다고 KFC 매장으로 안내했다. 시계를 보니 그냥 가는 게 나을 듯한데 처음 온 나보다는 여행사에서 더 잘 알 테지 하고 따라간 게 화근이었다.

마침, 젊은 사업가 앞에 앉게 되었다. 여기 창업자 커넬 샌더스가 본인 기술에 자금을 댈 수 있는 동업자를 찾아 1,008회까지 실패하고 1,009번째 성사했다고 성공 신화를 전해주었다. 힘든 사업에 작은 도움이라도 되지 않을지 여유를 부렸다.

출국 검색대에 섰는데 공항 직원이 도리질하며 이 시간에 그 비행기를 탈 수 없다고 제지한다. 여행사 대표가 자기 능력을 다 동원하여 간신히 보딩 체크하는 데까지 도착했다. 아무도 없다. 이미 시간이 지난 것이다. 우리 항공기가 빤히 보이고 30분이 남았는데 찻잔 속의 태풍 같은 아우성뿐 탈 수가 없었다. 한참 후에 14명의 캐리어가 내려지는 것을 멀거니 바라볼 수밖에. 홍콩 사태로 보통 때보다 검색에 1시간 이상 더 걸린다는 것을 간과한 것이다. 울란바토르의

미아처럼 터덜터덜 공항을 빠져나왔다. 다음 비행기가 금방 있겠지, 했는데 이튿날 상하이에서 출발하는 항공표가 5매 있다고 했다. 칭다오에서 더 늦게 출발하는 항공표 9매가 있어 여행팀이 나뉘었다.

초침 소리같이 마음이 바빠지기 시작했다. 내일은 1년에 한 번 하는 수필문학 세미나 날이다. 토론자로 지정되어 출국하기 전에 원고를 보냈으니 벌써 인쇄가 다 되었을 것이다. 우리 부부는 한 시간이라도 빨리 가는 상하이로 신청했다. 상하이 푸둥 공항에 착륙하여 많이 늦었어도 걱정을 잊은 채 짧게 깊은 잠을 잤다. 새벽에 나갔더니 부부가 서로 떨어진 분이 발만 씻고 로비에서 밤을 새웠는데 가이드도 없고 타고 갈 차도 없다고 걱정한다. 여행사 대표를 깨워 통화를 하니 가이드가 나갈 것이고 그의 안내로 공항버스를 타란다. 몇 번의 전화가 오가고 호텔 카운터 직원을 바꿔 주며 실랑이한 끝에 다섯 명이 탈 수 있는 승합차가 도착했다. 이왕이면 짐 부치는 19번 게이트에 세워주었으면 하고 기사한테 '헬로' 해도 반응이 없다. '웨이' 하니 돌아본다. 궁하면 통한다고 손짓발짓 다 해 의사를 관찰시켰다.

시간의 소중함을 코카콜라 회사의 더글러스 태프트 전 회장은 "1년의 소중함을 알고 싶으면 입학시험에 떨어진 학생에게 물어보고,

1개월의 소중함을 알고 싶으면 미숙아를 인큐베이터에 넣은 산모에게 물어보라. 한 주의 소중함은 주간 편집장에게, 하루의 소중함은 아이가 다섯 딸린 근로자에게 물어보라. 한 시간의 소중함은 애인을 기다리는 사람에게, 1분의 소중함은 탈것을 놓친 사람에게 물어보라. 1초의 소중함은 교통사고를 모면해 운명이 바뀐 사람에게 물어보라."라고.

시간은 멈추지 않고 앞으로만 가는데 우리는 순간의 소중함을 잊고 산다. 과한 대접을 받은 탓으로 귀책 사유와는 상관없이 항공료를 더 부담했다. '시간은 멈추지 않고 공짜는 없다.'라는 귀한 체험을 했으니, 대가를 지불할 수밖에. 행사 전 도착을 감사해하면서도 몽골 초원의 슬픈 마두금 소리가 들리는 듯하여 가슴이 시리다.

세 살에게서 배우다

　벌써 단풍 소식이 들려오고 난 향기가 집안에 가득하다. 철모르는 프리지어가 노란 저고리라면 영산홍은 빨간 치마라는 듯 활짝 피었고 무궁화도 금방 개화할 듯 꽃망울이 통통하다. 햇볕은 고맙게 작은 실내 정원도 빠뜨리지 않고, 아낌없이 빛을 방사해 나누어 준다. 하와이무궁화가 활짝 피어서 오는 아이들을 환영했으면 하는 소망을 담아 수시로 들여다보았다. 간절함이 덜했는지 아침에 피지도 않은 꽃망울이 뚝 떨어져 있다. 순간 불길한 생각이 스쳐 갔다. 이사 온 지 십여 년이 넘었는데 복토도 하지 않고 가을에도 피었는데 욕심이 과했다고 마음을 다독였다. 수시로 물은 주었지만, 영양분이 모자라 꽃은 더 이상 버틸 수가 없었던 모양이다. 도리는 하지 않고 말 못 하는 화초 바라기한 게 미안함으로 다가왔다.
　집에 온 세 살배기 손자한테 무궁화꽃을 보여주지 못해 아쉬워했더니 장미가 있다며 방으로 잡아끈다. 올 때 장미꽃을 사 왔나 싶어 따라갔다.

　방에는 블라인드 커튼 사이로 햇볕이 쏟아지며 장미 문양을 그리고 있는데 손자는 그것을 보고 장미가 피었다고 보라고 손짓한다. 문학적 상상이나 낯설게 하기란 활자를 수시로 접했으면서 방에 들어오는 햇빛이 그리는 무늬를 보고 장미라 생각한 적이 없다. 피상적으로도 자세히 본 적 없는데 세 살배기 아기는 장미가 피었다고 보라니 소스라치게 놀랐다. 유레카 소리를 지르며 우리 집에 신동 났다고 가족들을 불렀다. 여느 할머니와 다름없는 손자 바보다.

　문학을 언어의 수사적 기법을 통하여 감동의 형식으로 인간이 그리는 무늬를 형상화하는 것이라고 정의한다. 그런 문장을 알면서도 인간이 그리는 무늬에 천착해서 빛이 그리는 무늬를 관찰하지 못하고 간과했다는 생각이 들었다. 많이 읽고 썼지만, 관찰이 부족하고 사색으로 연결하지 못했음에 뒤통수를 맞은 듯 얼얼하고 부끄러웠다.

　흔히 작가들은 학교 다닐 때 백일장에서 수상하면서 동기부여가 되어 쓰기 시작했다고 하는데 나 역시 다르지 않다. 그때는 국민소득이 아주 낮아 취업을 우선시하는 시대였으니 국문과를 굶는 과라고 폄하하곤 했다. 그런 시절이었으니 8남매가 크던 시골에서 국문과는 언감생심 꿈도 꾸지 못했다. 활자 중독증 소리를 들을 만큼 책을 좋아하다 보니 조금은 더 나은 글을 쓰게 되었던지 신춘문예에 소설이 당선되었다. 누군가 수상식에서 어느 스승에게 사사했느냐고 물었다. 처녀가 겁 없이 아비도 모르는 자식을 낳은 것인지 하는 인식이 되었다. 아비 없는 후레자식 소리는 듣지 말아야지 싶어 매달리면서도 책임과 연결된 현시적인 공부를 우선시하여 번갯불에 콩 튀기듯 써왔다.

세상을 살아 보니 정답도 없고 비밀도 없고 공짜도 없어 정비공이라 한다. 세상에 공짜가 어디 있겠는가. 이렇게 눈을 혹사한 덕분에 망막에 부기가 없어지지 않아 정기적으로 안과에 다닌다. 의료 대란 일어난 시기에 예약된 날은 연휴와 연결되어 시외버스고 고속버스고 표가 매진되었다. 서울에서 지하철로 천안을 경유해 도착하니 한밤중이다. 읽는 시간을 할애하여 생각을 더 깊고 많이 해야 했다는 깨달음이 따라왔다.

철학자 탈레스는 하늘만 쳐다보고 걷다가 물웅덩이에 빠져 망신을 당했다는 일화가 있다. 우주를 연구한 열정이 뜨겁게 전해오지만, 모든 생물은 땅에 발을 딛고 살아야지 하늘을 딛고 살 수는 없다는 사실도 넌지시 알려준다. 갈릴레이도 지구가 돈다고 했을 때 미친 사람 취급을 받았다. 현대는 빛의 속도로 과학이 발전하여 정신과에 다니는 사람의 망상이 현실이 되기도 한다.

열정과 설렘이 가득한 첫사랑도 당사자끼리의 인생 목표가 같을 때 시너지 효과가 커지는 것처럼 가끔은 방향을 점검하고 속도도 확인해야 할 필요성을 느낀다.

차를 아무리 닦고 정비해도 연식이 있어서 새로 출시되는 고도로 발전한 신차를 당할 수 없다. 새 차는 자동제어장치 등이 되어 있어서 가격이 높은 만큼 젊은이들이 많이 운전하니 사고 날 확률도 훨씬 낮다고 한다. 오래된 차를 운행하는 고령 운전자의 사고율은 반비례로 그만큼 높아진다는 보도를 보았다.

차도 이러한데 세 살배기 아기보다 몇십 배 먼지를 뒤집어쓰고 산 인생이 어떠하겠는가. 고정관념은 나이에 비례해 또 얼마나 많은 더께가 앉았을 것인지. 먼지와 더께를 일소할 수는 없지만 세 살배기 손자의 맑은 눈으로 같은 쪽을 바라보아야겠다. 손자와 어영부영 노느라 시간 보냈다는 핑계는 사라지고 아기의 순수한 시선으로 사물을 제대로 본다면 낯선 상상력이 출현하리라. 어린이는 어른의 아버지라고 노래한 워즈워스의 시어가 더 살갑게 다가온다. 인생의 가을 날 세 살에게서 배우는 깨달음에 세월이 무르익어 간다.

은회색 풍경화

 안개가 온 세상을 포장한 듯, 한 치 앞이 보이지 않는다. 매일 보던 건물들이 요술 궁전인 듯 아슴푸레하다. 몽환적인 신의 작품을 어느 아티스트가 밤새 창문 너머에 설치한 듯 신비스럽다. 이름난 화가의 그림보다 환상적인 은회색 풍경화에 순간 매료되었다.
 어제까지 뒷동 건물 사이로 새로 짓는 회색빛 콘크리트 벽이 하루가 다르게 높이 들어차 시야를 가려왔다. 커튼을 내려 무신경해지고 싶었으나 서재가 북향이어서 낮에도 불을 켜야 하니 그럴 수도 없다. 저 아파트가 들어서기 전에 이사했더라면 했던 사고의 전환을 할 만큼 감미로운 풍경이 펼쳐진 것이다.
 안개는 대기에 수증기가 많이 있을 때 갑자기 온도가 내려가면서 수분이 응결되어 나타나는 현상이라 댐 주위에 많이 발생한다. 운전하면서 안개가 시야를 방해한다고 여겼지, 이렇게 다른 분위기를 연출하리라고 상상해 본 적이 없었다.

'무진에 명산물이 없는 게 아니다. 나는 그것이 무엇인지 알고 있다. 그것은 안개다.'라고 김승옥 작가는 무진기행에서 말했다. 뜨거운 커피잔을 들고 이제야 그 시각으로 은회색 풍경화를 보면서 무진에 가보고 싶다는 생각이 들었다.

지금 아파트를 짓는 장소에 잠두봉이 있었다. 누에머리를 닮아 지어진 지명이다. 추위가 가시기 전 노란 개나리가 수줍은 듯 오솔길에서 초봄을 알려줬고 하얀 마거릿과 빨간 양귀비가 여름이 다가옴을 알려줬다. 가을이면 구절초와 쑥부쟁이가 행인들의 발길을 붙들었다. 꽃이 피도록 받쳐 주는 초록의 동산은 바라만 봐도 힐링이 되고 동심으로 돌아가게 길라잡이를 했다.

동물 모양으로 향나무를 전지하고 솟대를 세워 놓는가 하면 계절에 맞는 온갖 꽃들을 한결같이 가꾸었다. 그렇게 종합 연출을 하는 분에 대한 호기심이 일었다. 늘 잠두봉에서 시작하여 구룡산까지 다녀오며 잠두봉을 가꾸는 분이 입구의 이름 없는 공방 주인이라는 것을 알게 되었다. 마음의 찬사를 보냈다. 출렁다리와 조화를 이루는 꽃동산을 놓칠까? 행인들이 내려서 정물화를 그리듯 스마트폰을 눌러댔다. 보는 사람도 뿌듯했다. 이런 아름다운 마을에 살고 있다는 자긍심이 자연스레 행복감으로 녹아들었다.

10여 년 전 이곳으로 이사 올 때 직장이 가깝기도 했지만, 순수 자연 공간인 잠두봉을 가까이할 수 있다는 것도 한몫했다. '잠두봉 기슭이 한강 이남의 8대 명당 중 하나'라던 풍수지리학자의 말씀도 있었다.

공원 일몰제의 시효 만기가 다가와 개발이란 이름으로 어느 날 잠두봉은 두 동강 나버렸다. 파괴된 반쪽에선 공사로 인한 소음과 대형 차량의 통행에 비례해서 회색 콘크리트 벽이 높아만 갔다.

우리의 후손들이 대대손손 살아갈 지구를 지키자는 환경단체와 사유 재산권을 오랫동안 침해당한 지주들의 논쟁이 뜨겁게 달아올랐다. 지주들은 등산로를 폐쇄하겠다고 맞섰다.

황희 정승이 종의 말도 맞고 부인 말씀도 맞는다고 했다는데 각자의 입장에서 보면 다 일리가 있다. 한정된 예산이지만 시에서 사유재산을 보상해 주고 녹지를 보존해 주었으면 싶다. 미분양 아파트가 이 도시에만도 5만 호가 넘는다는데 왜 건설 허가를 계속 내주는지 시민들은 이해하지 못한다.

청정했던 환경이 훼손되는 것이 마음 아프고 왜 진작 그 아름다움을 동영상에라도 담아놓지 못했나 하는 소시민적 아쉬움이 일었다. 잠시 빌려 쓰는 지구를 위해 무심히 안주만 했지, 지구 환경 보존을 위해 무엇을 했는지 공동체적이고 사회 조직적 운동은 못 해도 지구에 부담을 주지 않는 생명체로 살아가고 있는지 자문해 본다.

어느새 여남은 볕에 환상 같던 안개가 서서히 걷히고 있다. 은회색 풍경화가 흔적도 없이 사라지면서 콘크리트의 실체가 민낯을 드러냈다. 모든 존재는 내 인식 작용을 통해 오감으로 전달되어 뇌에 인지된다. 안개에 취하듯 한 시선을 곱게 물든 단풍으로 옮겨가 본다. 세상의 모든 물체는 실체가 없는 것이란 '색즉시공 공즉시색(色卽是空 空卽是色)'이라는 경구가 떠오른다. 문리를 터득하지 못한 몽환적인 여자가 은회색 풍경화의 액자를 현실로 갈아 끼운다.

습관을 붙박이하다

　자명종을 닮았는지 다섯 시면 눈이 떠진다. 기온이 점점 내려가니 따뜻한 바닥에 뭉그적거리고 싶지만, 핑계 대지 않고 벌떡 일어난다.
　'나를 이기는 사람이 가장 강한 사람이다.'라는 잠언과 "하루를 연습하지 않으면 내가 알고, 이틀을 연습하지 않으면 배우자가 알고, 사흘을 연습하지 않으면 관객이 안다."라는 루빈스타인의 말을 중얼거리면서.
　물 한 잔 마시고 아침 식사 준비를 간단히 해 놓은 후 신문을 읽고 어제 읽다 만 책을 펴 든다. 공감을 불러오는 주옥같은 문구가 책을 놓기 싫게 하지만 부윰하게 동이 터오면 스트레칭을 시작한다. 지압 발판을 밟으며 먼저 단전 밑을 두드린다. 손바닥과 귀도 문지르고 입으로는 경전을 암송하거나 기도하는 나만의 체조다. 언뜻 보면 방물장수 보따리 같기도 하지만, 30분간을 온전히 자신에게 집중하고 나면 몸이 가뜬하고 소망을 이루듯 산뜻하게 하루를 시작하게 된다.

마침, 조정래 작가의 등단 50주년 기념 『홀로 쓰고 함께 살다』를 읽고 대작가의 생활 습관을 닮은 것 같아 쾌재를 불렀다. 조정래식 체조와 규칙적인 산책 등으로 건강을 지킨다는 문구를 읽고 나서다.

역시 "생각은 습관을 낳고 습관은 행동을 낳고 행동은 인격을 만들고 인격은 운명을 만든다."라는 새뮤얼 스마일스의 말씀은 명언이라고 무릎을 친다.

해거름에는 또 하나의 즐거운 습관인 맨발 걷기와 산책을 한다. 숲이 품고 있는 아름다운 생명들과 조곤조곤 대화하며 운동기구를 이용하는데 맨발로 걷는 것을 추가했다. 새마을 운동이 일어나 잘살게 되었지만 길을 포장해 놓아 현대병이 더 많이 생겼다고 한다. 증명하듯 주변은 온통 보도블록이나 시멘트, 아스콘, 매트, 우레탄 등으로 병균인 듯 흙을 꼭꼭 싸매 놓았다. 공공기관의 과수원 정도가 흙이다. 다행히 유실수가 아닌 꽃나무를 심어 놓아서 잎이 지는 지금도 매화향에 취하던 봄을 생각하며 보송보송한 황톳길을 왕복한다. 처음에는 혹시 가시에 찔리지 않을까 조심했는데 밟을수록 촉감이 좋다. 나날이 좋아지는 것을 체감하게 되니 걱정하는 행인에게 맨발 걷기를 적극적으로 권한다.

자연과 온전히 하나가 되는 나를 느끼며 혈액순환이 잘 되어 요즈음도 추운 줄을 모른다. 몸의 양전하와 땅의 음전하가 중화를 이루고 뇌를 자극해 자연을 멀리한 죄를 묻지 않기 때문이다. 지압 효과와 접지(接地) 효과가 국내외의 여러 학자의 논문과 임상실험으로 입증되었다고 한다. 일상의 감기부터 코로나19, 암, 심혈관 등 각종 성인병에서 벗어나려면 맨발로 꾸준히 걸어 볼 일이다.

"자연과 가까울수록 병은 멀어진다."라고 대문호 괴테도 말했지만, 맨발로 걷기는 부작용이 없고 경비도 들지 않는 최고의 자연치유 요법이다.

흙이 묻은 발을 물티슈로 닦으며 바라보니 흙만큼이나 보기 힘든 한옥 빨랫줄에 바지랑대로 받쳐놓은 빨래가 추억을 소환한다.

대가족이 벗어놓은 옷과 이불 홑청을 산더미같이 이고 냇가로 가신 어머니는 넓적한 돌 위에 나오는 한숨을 방망이로 두드려 빨았다. 이불 홑청은 삶고 풀을 먹여 대충 마르면 잡아당기고 자근자근 밟은 후 다듬이질하셨다. 전기다리미가 없던 시절, 다리미로 다린 듯 매끈해졌다. 그것을 시쳐서 씌우면 홑청이 되었는데 풀기로 까슬까슬하고 버스럭대던 이불과 체온을 나누던 어린 시절 그때는 왜 그리 차가웠던지.

요즘이야 세탁기가 다 해 주어도 바쁜데, 온갖 집안일에 묻혀 허우적거리던 그 시대의 아낙들이 참 안 됐다는 생각을 다시 하게 된다. 그 시절 어머니 나이를 넘으니 사각대던 소리와 새물내 나던 촉감이 새삼 그리워진다.

빨래가 촉촉할 때 다독거려 손질하면 뜨거운 다리미를 들이대지 않아도 되듯, 평소에 맨발로 걷고 산책하며 자연과 벗하면 몸이 마음대로 되지 않아 불편을 느끼는 일은 없으리라. 중요한 것은 부뚜막의 소금도 집어넣어야 짜고 호미로 막지 않으면 가래로 막아야 한다는 속담을 잊지 말아야 할 일이다.

귀소본능이 동물에게 있는 것만은 아니다. 며칠 느슨해져서 나쁜 버릇이 굳어지기 전 오늘도 콧노래를 부르며 좋은 습관을 붙박이 한다.

무심천 가을역

 상상한 가을바람이 상쾌함을 더하는 요즈음 발길이 무심천 둔치를 향한다. 갈색으로 서서히 물들어 가며 서걱거리는 소리는 추억을 소환해 이곳을 '무심천 가을 역'으로 명명했다.
 그날은 미국에 가서 10여 년을 만나지 못한 친구가 오는 날이라 고교 동창 일곱 명이 함께 모이기로 했다. 한반도의 중심이랄 수 있는 이곳으로 오기로 해서 수시로 휴대전화를 들여다보며 어디쯤 왔을까 들떠 있었다. 너무 오랜만이라 알아보지 못하면 어쩌나 걱정했지만 세월은 고맙게도 여고 시절 모습에 연륜만 살짝 얹어 반가운 마음에 얼싸안았다.
 청주에 아름다운 곳도 많지만, 소녀 시절로 돌아가고 싶은 마음에 갈대와 억새꽃이 어우러진 무심천으로 안내했다. 꿈 많던 10대 때 이야기로 시작해 을숙도의 황새를 쫓아가다 갈대밭에 넘어진 이야기를 할 때는 꼭 사춘기 소녀들을 보는 것 같았다.

미국에서 온 친구는 좋은 소식보다 정치인들 싸우는 이야기며 비리 공화국이나 되는 것처럼 연일 터지는 비자금 사건들을 접할 때면 쥐구멍에라도 들어가고 싶었다고 한다. 부산의 친구도 그곳 사람들은 별 노력을 하는 것 같지 않은데 최선을 다한 자기보다 월등하고 단합도 잘해서 역부족을 느낀다고 했다.

'우정은 산길과도 같아서 자주 오고 가지 않으면 초목이 우거져서 길은 이내 없어진다.'라는 금언이 있지만 우리한테는 맞지 않는다는 생각이 들었다.

우리가 억새를 갈대로 알던 소녀 시절에는 '여자의 마음은 갈대와 같다.'라고 해서 여자와 갈대를 동일시했다. 여린 것을 은근히 부정적 이미지로 인식시켰는데 이제는 외유내강의 대명사를 갈대라 해야겠다. 부러질 듯 긴 허리는 작은 바람에도 흔들리지만, 기상관측 사상 가장 피해 규모가 컸다는 태풍이 지나갔어도 그녀들은 건재하지 않은가.

'우'하는 소리를 내며 줄지어 휘어지며 쓰러지다가도 언제 그랬냐는 듯 꼿꼿하니 이보다 더 지혜로운 처세가 어디 있으랴. "승리를 유지하는 사람은 강하면서 약한 것 같이 행동한다."라는 열자(列子)의 말을 실천이라도 하는 듯하다.

눈길을 끄는 화려함이나 예쁜 꽃잎은 없지만 첫눈이 와도 변치 않고 잡아끄는 은은한 수수함과 강인함이 이들의 매력이다. 청춘의 끓는 사랑은 아니어도 평생을 같이한 부부의 끈끈한 정 같음이 나만의 소회는 아닐 것이다.

괜한 욕망이 꿈틀거리거나 아무것도 아닌 사소한 일로 언짢을 때 '무심천 가을 역'은 그리운 얼굴들의 미소를 보여주며 다독인다. 모든 것을 내려놓은 무심천은 비울 때 채워지는 진리를 보여주듯 유유히 흐르며 사운대지만, 이내 바로 서는 갈대의 지혜를 알려준다.

최선과 적당의 갈림길에서

 길을 잃었는지 거울 속의 눈이 벌겋다. 어린 토끼 눈도 아니고 나이 든 여자의 눈은 흉측하다. 얼른 눈을 쉬게 하려고 취침을 청해본다. 잘 보낸 하루가 좋은 숙면 취하게 하는 지름길인데 원인을 짚어보느라 잠이 오지 않는다.
 '네 죄를 네가 알렸다.' 인과 관계를 짚어주는 심판관이 일갈한다. 새벽같이 일어나 스트레칭하고 합평회 자료 첨삭하고, 이미니한데 다녀와 강의하고 책을 펴 들고 있으니, 눈이 피곤하지 않으랴. 내일은 피치 못할 모임이 있고 김치 담근 후 산책을 하려 하는데.
 오래전부터 번갯불에 콩 튀기듯이 분망함을 즐기는데 요즈음은 과로하면 눈이 충혈된다든가 입이 부르트며 쉬라는 신호를 보낸다. 야근하느라 밤을 새워도 크게 표나지 않았던 때는 '아, 옛날이여!'가 되었지만, 사무엘 울만이 "청춘이란 인생의 어떤 시기가 있는 것이 아니라 마음가짐을 뜻하나니….”라고 한 시구를 아직 신봉하고 있다. 하긴 작가가 이 시를 쓸 때가 78세라고 했으니 아직은 한참 믿어도 좋을 때이다. 파나소닉 그룹 창업자인 경영의 신 마쓰시타 고노스케는 70이 넘은 나이에 이 시를 읽고 감격하여 사업을 시작할 용기를 얻었으며, 청춘이란 이 글이 평생의 좌우명이 되었다고 한다. 이상과 호기심을 잃는 순간 인간은 늙는다는 게 정설이다.

시력이 나빠져서 정기적으로 안과에 가고 눈이 충혈되는데도 이런 기억을 하는 걸 보면 아직도 나는 적당의 길보다 최선의 길을 가고 싶은 욕구와 습관에 길들여 있는 듯하다. 그러나 존경하는 평론가 님이 좋아하는 작가의 수필집을 열 번 읽었다는 말씀에 자신이 심히 부끄럽고 자신이 노력하지 않는 사람만 같이 여겨졌다. 활자 중독증 운운하며 늘 책을 끼고 있어 꽤 많은 책을 본다고 자부했었는데. 선택과 집중을 못 하니 같은 24시간 하루에 그럴 수밖에 없지 않으냐고 자신을 타이른다.

재직 시 어느 학교의 급훈이 '적당히 하자'여서 학부모들이 난리를 치며 민원을 낸 적이 있다. 사전을 찾아보면 '적당'은 '꼭 들어맞음'이라고 나와 있다. 부족하지도 않고 과유불급 하지 말라는 이야기인데 대충하라는 것으로 인식하여 커가는 아이들에게 대충하라니 말이 되느냐고 한 거다. 그 적당이 내게는 어느 선일지.

파리올림픽에서 세계 최고의 궁사임을 입증한 우리 고장의 자랑 김우진 선수는 "라스트 미션을 제대로 완수해서 기쁩니다. 오늘의 메달은 오늘까지만 즐기고, 내일부터는 다 과거로 묻고 새로운 목표로 나아가겠습니다."라는 소감을 말해 박수갈채를 받았다. 이렇게 늘 최선의 노력이 루틴 되어 심장박동부터 안정되니 흔들리지 않는 궁사가 되었으리라.

오늘따라 매미가 고막을 찢듯 악을 쓰고 운다. 우렁차고 크게 우는 것을 보니 말매미 수컷인가 보다. 저렇게 열정적으로 기를 쓰고 살아 본 적이 있던가. 암컷은 배에 소리 내는 곳이 없어서 울지 못한다는데 사람도 그럴 거라는 핑계를 대며 합리화한다. 매미는 땅속에서 7~10년을 준비하고 나무 위에서 10~20일밖에 살지 못하니 그 짧은 생을 다 살려고 자기 색깔과 비슷한 나무를 찾아 오른다고 한다. 보통 맴맴 매 애 앱! 하고 우는 건 잠매미도 수컷이 암컷을 유혹하느라 나 여기 있다고 기를 쓰며 운단다. 꼬임에 빠진 암 매미가 찾아오면 짝짓기 후 수컷은 바로 죽고 암컷 매미는 산란관을 빼내 나뭇가지 속에 가지런히 알을 낳고 죽는다고 한다. 짝을 유혹하고자 혼신을 다한 매미는 짝짓기가 끝나야 죽으니, 스스로 개체수가 줄어들지는 않는다. 출산하지 않는 젊은이들이 많아 국가 소멸론까지 나오니 만물의 제왕이라는 인간은 개체수를 유지하려면 미물에게서 한 수 배워야 하리라.

　로버트 프로스트는 「가지 않는 길」에서 말했다. "나는 사람이 적게 간 길을 택하였고, 그리고 그것 때문에 모든 것이 달라졌다고." 선택의 연속인 삶을 살아가는 인간의 숙명이런가.
　아직 눈 외에는 멀쩡하니 최선을 다하며 열정을 쏟을 것인지, 건강한 신체를 유지하기 위해 몸을 아끼며 적당히 할 것인지 최선과 적당의 갈림길에서 나는 아직도 오락가락한다.

시적인 지명, 절경인 내 고향

제천의 지명(地名)은 참으로 그윽하고 시적이다. 고향이 아름답다고 하지 않는 이가 어디 있으랴만 시어 같은 고운 지명에 감탄사가 절로 나온다. 사람도 이름이 자성예언이 되듯 지명도 라벨 효과를 거둔다. 가는 곳마다 이름에 걸맞은 절경이 펼쳐져서 관광객들의 발길을 잡는다.

백운(白雲)에는 고려 때 김취려 장군이 거란의 10만 군대를 물리치고 몽골군의 침입 때도 제천 지역의 별초군이 적군을 물리친 곳 박달재가 있다. 박달과 금봉의 애틋한 사랑 전설을 간직한 곳이기도 한데, 박달재 옛길을 통과하다 보면 하얀 구름을 타고 가는 신선이 된 듯하다. 나이 든 세대가 즐겨 부르는 '울고 넘는 박달재'가 탄생한 곳인데 지금은 2천 미터에 가까운 터널이 뚫려서 시간을 단축하고 있다.

그곳 모정리에서 태어나 어린 시절을 보내며 도덕암으로 가족 소풍을 갔었다. 어린 마음에도 산 경치가 어찌 그리 수려한지 바라보다가 들고 있던 약주 병을 놓쳐 깨뜨렸다. 경은사로 바뀐 이곳을 지나가며 그리운 추억을 소환하곤 한다.

봉양(鳳陽)은 피서지로 유명한 탁사정과 배론 성지가 있고 의병 전시관이 있는 자양영당이 있다. 탁사정은 우리 부부의 연을 맺어준 의미 깊은 곳이라 지금도 그 이름만 생각하면 눈이 오던 날 데이트가 어제 일인 양 그림같이 떠오른다.

회색빛 하늘이 점점 짙어지더니 마침내 눈발이 날렸다. 젊은 혈기의 낭만적 의기가 투합하여 토요일 근무를 마친 윤 군과 이 양은 30여 리나 되는 탁사정으로 향했다. 처음에는 들떠서 눈썹과 속눈썹이 하얗게 된 상대방을 바라보며 서로 눈사람 같다고 깔깔거렸다. 그러나 날이 어둑어둑해지고 추워지면서 무사히 다녀올 수 있을까 걱정이 되기 시작했다.

'내가 정신이 나갔지. 사슴 같은 남자 눈에 빠져서 이 눈 속으로 빠져들었으니….' 게 눈 감추듯 매운탕을 먹고 둘이 차를 세웠으나 차가 서지 않았다. 일부러 혼자 기다리다가 같이 타니 트럭 운전사가 매 눈초리로 째려봤다. 눈이 오는 날 아름다운 그 시절을 회상하며 동의를 구하면 남편은 쑥스러운 듯 "내가 언제? 다른 남자인 것 같은

데…."라고 시침을 뗀다.

배론 성지는 신유박해 때 천주교도들이 구학리 산골에 숨어 살면서 화전과 옹기를 구워 생활하던 교우촌이다. 마을 계곡이 배(舟) 밑창과 닮았다 하여 붙여진 이름이라고 하는데 최양업 신부 조각공원 등 여름 휴양지로 착각할 만큼 볼거리가 풍부하다.

십장생의 하나인 소나무와 학의 고고함을 담은 송학(松鶴)은 첩첩 산중 가파른 곳에 강천사라는 오래된 사찰이 있는데 속세를 떠난 풍경소리가 합장하게 한다. 삼국시대의 유적지가 계속 출토되어 학계의 시선을 모으고 있다.

수문동 폭포의 장관부터 시작하여 관폭대, 수룡담, 수렴선대로 이어지는 용하구곡의 월악산 국립공원이 있는 덕산(德山)은 동양의 알프스로 등산객들이 많이 찾는다. 달 아래까지 높이 솟아있는 월악산은 이름만큼이나 가파른데 새순 돋는 4월에도 산꼭대기에 새하얀 눈 속의 겨울 왕국을 연출해서 등산객들의 탄성을 자아낸다. 송계계곡으로 올라가며 보이는 폭포 등 천혜의 물놀이 시설은 한여름에도 소름이 돋게 한다.

한수(寒水)는 훗날을 예견이라도 한 이름인 듯 거의 수몰이 되었고 마의태자와 덕주공주의 천년 한을 승화시킨 덕주사의 마애석불이 지켜보고 있다.

선조들의 맑은 향기를 느낄 수 있는 청풍호반과 문화재 단지가 있는 청풍(淸風)은 충청도의 대명사 청풍명월의 본향으로 내륙의 바다로 불리고 있다.

깎아지른 듯 암벽에 좌정한 정방사는 그 자체로 비경이지만, 그곳에서 바라보는 청풍호는 이국에 온 듯한 착각을 불러일으킨다. 청풍호반에 케이블카가 설치되고 짚라인을 탈 수 있으며 인근 제비봉에서 내려다보는 청풍호반은 어머니 품속처럼 평화롭다.

퇴계 이황은 "석벽이 마치 우후죽순처럼 솟아있으니 옥순봉이다."라고 명명했는데, 구담봉의 장관을 보고 "중국의 소상팔경이 이보다 나을 수 없을 것이다."라고 했다고 한다.

수상 관광으로 청풍호의 장회나루에서 유람선을 타고 바라보는 구담봉과 옥순봉, 제비봉은 한 폭의 동양화를 보는 듯 아름답다. 그래서 수산(水山)이라 했던가.

이들 모두를 대표하는 제천(堤川)은 삼한시대에 만들어져 우리나라에서 가장 오래된 저수지인 의림지(義林池)가 있다. 의천(義川)에서 바뀐 이름이라고 하는데, 삼한시대 이야기를 들려주듯 고색창연한 소나무가 운치를 더해준다.

누워라 공원, 인공폭포, 용추폭포, 유리 전망대, 그 옆 분수대 등 볼거리가 풍성하다.

꿈이 깨지던 밤 독한 마음을 먹고 의림지까지 갔으나 시퍼런 물이 무서워서 돌아섰었다. 후에 그곳에서 귀인의 프러포즈를 받았으니 신비한 인연에 아직도 미소를 머금는다.

제천은 그림 같은 비경이 많은 지역이고 충청도 강원도 경상도 등 삼도 접경지대로 철도와 도로가 일찍이 개통되어 교통이 편리하다. 덕분에 선진문화를 일찍 받아들이기는 했지만, 지대가 높아서 기온 차가 크게 나기도 한다.

이런 환경에 적응하다 보니 "제천 사람들은 기질이 강하다."라는 소리를 가끔 듣지만 맺고 끊음이 분명한 이 점이 또한 매력이라고 한다. 의병 천하를 이루었던 구한말에는 일제가 초토화를 자행했다고 하나, 그 산하 그 인걸의 의기는 지금도 면면히 이어지고 있다. 시적인 지명(地名)에 어울리는 절경과 추억이 눈을 감아도 삼삼하게 떠올라 다시 발길이 향하곤 한다.

어떤 혼수

친구가 자녀 혼수 준비로 즐거운 비명을 지른다. 가슴속 저 밑에 가라앉아 있던 찌꺼기가 수면 위로 부유한다. 무엇에 집중하다 보면 숟가락을 들고도 찾는 성정이라 알게 모르게 잃은 게 많다. 잃어버린 것에 크게 집착하지 않고 방어기제가 강해 그때그때 삶의 교훈으로 삼았는데…. 그것은 내 것이 아니었다고 털어버렸으나 지금도 부끄러운 것을 보면 큰 과오를 범한 게 틀림없다.

연재 소설에 매료돼서 새벽 신문이 도착하면 뉴스보다 먼저 최인호 작가의 소설 『불새』에 눈을 고정했다. 콩나물시루 같은 출근 버스에서도 손잡이에 매달린 채 그다음을 마음대로 그렸다. 앞의 할머니가 자꾸 눈을 깜빡였다. 승객이 많이 내리고 나서 안타깝다며 알려준다. 혼수로 받은 다섯 돈 금목걸이가 감쪽같이 사라졌으나 액땜했다고 치부했다.

선친은 한학을 많이 하신 분답게 문중과 예절을 중히 여기는 분이셨다. 약주만 드시면 몇 대조 할아버님을 말씀하셨다. 영의정을 지내신 오성 이항복 대감 댁의 담 너머로 넘어간 가지의 감을 옆집에서 다 따갔다. 그 집 창호 문에 주먹을 넣고 이게 뉘 손이냐고 해 반성하게 할 정도로 어려서부터 영특하셨다고 한다. 무신이면서 우의정을 지내신 이완 대장은 한성판윤을 다섯 번이나 하셨다고 교지를 짚어 가며 장황하게 훈시하셨다. 건성으로 들었다. 어느 날 우리 집이 압류되어 빨간 딱지가 붙었다. 한약방을 하시던 선친이 친구 보증을 섰는데 그 친구가 야반도주했다고 한다. 선친은 해결할 수 없는 사태 앞에서 술로 일관하더니 화병이 나셨다. 허망하셨는지 옛이야기를 가슴속에 심으시듯 주입했다. 여섯 명이나 되는 동생들의 호구지책이 우선 문제였다. 아무리 조상이 훌륭해도 산 후손 밥 먹여 주느냐고 버릇없이 언성을 높였다. S대는 강 건너 불이고 낭상 취업할 수 있는 공직에 입문했다.

결혼하지 않고 동생들 뒷바라지하겠다던 의지에 시나브로 콩깍지가 씌었다.

콩깍지를 벗겨놓지 못하고 의리 없이 몇 년 만에 그 안으로 안주해 버렸다. 집을 떠나던 날 선친은 늘 자랑하던 둘둘 만 교지를 내게 주셨다. 국민소득이 낮아 표구는 생각도 못 하던 시절이었다. 딸 셋을 낳고 밑으로 남동생들이었으니 그 시절 가치관으로는 파격적이었다. 여식의 이름에도 항렬자 희(熙) 자를 넣어주시고 평소에 칭찬으로 자신감을 키워주었는데, 보내면서 자존감을 북돋운 부성애였다. 그때는 철이 없어 그것이 그렇게 귀한 명품인지 몰랐다. 딸한테 그리하셨다는 것은 대단한 일이었는데 인식하지도 못했다. 자신의 의지를 헌신짝 버리듯 저버리고도 출가외인의 신혼 꿈에 알콩달콩 빠져들었다.

공직에 전념하며 아들딸 낳고 집 장만해서 이사했다. 선친께 받은 교지하고 남편과 오고 간 연서가 그제야 생각이 났다. 못 쓰는 종이 상자로 치부하고 이사하며 폐휴지로 다 버리고 온 생각이 나서 얼굴이 화끈했다. 물질만능주의자도 아니면서 지금에 최선을 다한다고 진짜 중요한 것을 내 손으로 던지고 온 게다. 삶에서 가장 귀한 삼금을 황금, 소금, 지금이라 하지만 지금에 충실하다가 황금으로 살 수도 없는 훨씬 더 귀한 혼수를 내 손으로 버렸다. 오호통재라.

아버지는 혼수를 제대로 못 해 주는 딸에게 가장 귀하게 여기는 것을 주셨는데 딸은 제 설움에 겨워 그 뜻을 깊이 헤아리지 못했다. 부부가 나란히 꿈을 이루고 부러운 눈길 속에 퇴임하던 날 무지한 딸은 선친 뜻을 짚어보며 당신 음덕이라고 감읍했다. 북벌을 계획했던 효종 대왕이 이완 이대장에게 삼도수군통제사와 포도대장을 겸하라고 주신 교지였다. 그걸 본받아 목민관이 되라는 큰 소망을 담은 거였다. 하늘나라에 계시니, 이제는 용서도 구할 수 없다.

신발을 직접 신어 보지 않고 남의 신발에 관해 이야기하지 말라는 서양 속담이 있긴 하다. 어리석은 인간은 갈 때가 되어야 철이 난다지만, 복원할 수 없는 귀한 혼수는 '난 참 바보처럼 살았군요.'를 곱씹게 한다.

4 — 겨울

손 가라사대

그녀가 당황한 것 같다. 나의 오른쪽 장지로 눌러보고 돌려보고 해도 안 되니까 검지로 누른다. 그래도 안 되는 것을 보고 쾌재를 불렀다.

"나를 혹사시키더니 쌤통이다."

그러나 그녀가 누구인가. 이내 왼쪽 검지를 대더니 지문 인식이 끝났는지 유유히 공항 검색대를 빠져나간다. 나를 함부로 대한 것을 반성하도록 왼쪽 검지까지 지문이 나타나지 않고 시간이 흘러 애가 바작바작 타기를 은근히 바랐는데….

이런 심보가 바람직한 것은 아니지만 표피까지 홀딱 벗겨진 힘없는 내가 할 수 있는 일이란 이렇게 몽니 부리는 것밖에 없지 않은가. 내가 벗겨서 먹는 수밀도 껍질도 아니니 말이다.

내 엄지 지문이 없어진 것은 훨씬 오래전이다. 주민등록증을 처음 만들 때 젊은 여자가 지문이 나오지 않자, 담당 직원이 그녀의 얼굴과 나를 번갈아 보며 어울리지 않아 불쌍하다는 표정을 지었다. 대차대조표의 좌우가 맞지 않는다는 듯한 그런 야릇한 표정을 나는 지금도 잊지 못한다. 그때에도 지문 없어진 게 별거 아니라는 듯 행동에 전혀 위축되지 않는 그녀였다.

  8남매 중 본인을 닮은 유일한 아이라고 그녀의 아버지가 입학 전 연필을 잡아 주며 나를 애용하도록 했다. 그게 시작이었다. 칭찬은 고래도 춤추게 한다더니 그녀는 뭣이든 열심히 해서 칭찬을 받는 버릇이 생겼다. 자기는 잘하는 아이라고 세뇌가 되었으니 내가 얼마나 고달팠겠는가.

  높은 경쟁률을 뚫고 그녀가 공직에 입문했다. 복사기가 없던 시절이라 철필로 철판을 눌러쓸 때도 그녀는 못한다는 소리를 절대 하지 않고 나를 아프게 눌러서 등사했다. 계산기가 나오기 전 주판을 쓰던 시절에는 또 나를 얼마나 혹사했던가. 일이 많을 때는 자정까지 야근하고 새벽 4시에 숙직자를 깨워서 또 나를 못 살게 했다. 그리고 집에 있는 시간에도 가사를 남에게 맡기지 않는 그녀니 내 껍질이 다 벗겨 나간 것은 당연한 일이다.

  그러나 꼭 그녀가 나를 혹사하는 것만은 아니다. 그녀는 새침해 보이면서도 활달한 면이 있어서 악수를 잘한다. 그녀의 손바닥은 살이 적당히 있는 데다 따뜻해서 겨울에 그녀와 악수를 한 남자는 살갑다는 느낌을 오래 간직하고 잊지 못한다. 두 번째 악수하며 "아, 이 살가움!" 한다든가 "스킨십하고 싶다."라던 외설스러운 촉촉한 목소리가 지금도 아련하다. 그러할 때 나의 자존감이 되살아난다. 오래 동고동락하다 보면 증오하면서 사랑한다고 이래저래 그녀와 나의 사이가 애증의 관계가 되었다.

나의 표피가 다 벗겨진 것은 아마 그녀의 어머니 영향이 더 클 것이다. 딸은 친정어머니를 보면 알 수 있다고 하지 않는가. 그녀의 어머니는 천성이 부지런해서 대가족 식사 준비를 하고 냇가에서 방망이 두드려 빨래하며 가마솥에 소죽을 끓여 농사를 지었다. 그 시대의 아낙들이 다 그랬듯 그녀의 어머니 역시 죽으면 썩을 놈의 살 아끼면 무엇하겠느냐는 지론으로 몸을 재바르게 움직였다.

그녀를 낳을 때도 해가 질 때까지 밭에서 일하고 집에 들어와 자주 감자 한 사발을 까놓고 배가 사르르 아파서 윗방에 들어가 출산했다고 한다. 그래서 가끔 사주팔자가 궁금할 때 출생한 시가 술시인지 해시인지 헷갈린다고 주인님이 하는 소리를 들었다.

그렇게 에너지가 넘쳐 목표를 이룬 그녀도 세월을 어쩌지 못하고 퇴직했다. 이제는 나도 좀 편하겠구나! 은근히 기대했는데 내 생각이 잘못되었다는 것을 아는 데 며칠이 걸리지 않았다. 그녀는 리타이어(retire)·리본(reborn)을 들먹이며 여전히 컴퓨터 자판을 두드린다. 타이어를 갈아 끼고 달린다거나 다시 태어난다는 뜻이니 이모작을 우습게 본 내가 바보다. 그래도 책을 많이 읽는 그녀라 그사이 내가 쉴 수 있다. 잠자는 시간을 제외하고 그래도 그녀가 책을 볼 때 내가 편한데 미운 눈이 훼방을 놓는다. 나이 먹으면 이목구비가 차례로 나빠진다는데 책을 좋아하는 그녀라 눈이 먼저 나빠져서다. 그래도 명상으로 나를 쉬게 하니 다행이다. 안 그럴 수도 없는 게 눈을 걱정하는 그녀 남편이 말려서다.

늘 에너지 넘치는 그녀답게 별명도 에너자이저이다. 주인한테 충성해야지, 괜스레 줄 잘못 서면 박쥐 신세 된다고 구시렁거리는 나를 다독인다. 여자 팔자 뒤웅박 팔자라고 하지만, 내 팔자야말로 그러한데 나도 필요할 때 잘해야 되지 않겠는가.

'손바닥도 마주쳐야 소리가 난다.' '손수 한다.' '손아래 놓는다.'라고 하는 것을 보면 나는 나름 꽤 필요한 존재다. 그 대단한 나의 이름은 손이다.

남편을 다시 읽다

　남편의 건강검사 때 뇌동맥류가 발견되었다. 그쪽에 명의가 있다는 여러 병원을 알아보았다. 권위 있는 의사가 수술하고 사오일 후면 퇴원할 수 있다고 하여 심각하게 생각지 않고 수술을 받았다.
　이튿날 중환자실 문이 열리길 애타게 기다려 첫 면회를 했다. 말도 못 하는 환자는 인상을 쓰며 고통을 호소하는데, 중환자실 주치의는 수술이 잘 됐다고 옮기라 했다. 대학병원은 환자가 많아서 바로 옮겨야 순환이 된다며 집중치료실로 옮길 것을 독촉했다. 30여 년을 같이 산, 내가 눈빛만 봐도 정상이 아니라고 했더니 의사인 자기가 더 잘 알지 보호자가 무얼 알겠느냐며 반박했다. 필요한 검사를 강력히 요청했다.
　쫓기듯 불안한 마음으로 중환자실을 나와 결과를 기다리며, 죄 없는 스마트폰만 쏘아보았다. 마구 풀어놓은 시간이 길을 잃었는지 일분이 한 시간처럼 더디고 길었다.

우려했던 대로 수술한 부위에서 출혈이 되고 있었다고 한다.

'말도 안 돼. 뇌출혈을 예방하려고 심사숙고해서 한 수술인데….'

병원 규칙상 입원한 환자는 회진 시간이 아니면 의사를 만날 수 없다고 하는 것을 통사정해 집도의를 만나고 재수술을 받았다.

처음으로 보이지 않는 신을 향해 비장한 심정으로 무릎을 꿇었다. 그리고 살려달라 애원했다. 살려만 주신다면 온 정성으로 그이를 위해 감사한 마음으로 살겠다고 맹세했다.

'보이지 않는 것이 내 눈에 이상이 있다고 보인 것도 그렇고, 집도의가 그 시간에 외래 환자를 진료하고 있었던 것도 다 잘 되려고 그랬던 거야. 마침, 수술 중이었다면 이 시간에도 가능하지 않았을 텐데….'라며 좋은 생각으로 세뇌했다.

일곱 시간여의 재수술이 무사히 끝나고, 고통이 너무 심할 것 같아 오 일 후에나 깨어나도록 수면 치료를 했다고 한다. 감사하면서도 분노가 치밀었다.

'당신들은 히포크라테스 선서도 안 했나. 어떻게 환자를 공장에서 잘못 출하된 공산품같이 취급을 하나?'라고 소리라도 지르고 싶었다.

가입한 보험약관에 뇌출혈은 해당이 되지만 뇌동맥류는 해당이 안 된다. 특이체질이라서 뇌출혈이 발생했다고 미안해하고서, 정작 진단서는 뇌동맥류로 발급했다. 두 번이나 잘못 발급하여 뇌출혈로 다시 발급받았다.

  책임 회피까지 하려는 집도의와 수술이 잘 되었다고 막무가내로 옮기라던 레지던트를 의료사고 소송해서 일벌백계하고 싶었다. 그러나 소송하려면 진료기록부 등 자료가 병원에서 다 나와야 하는데 위변조하기도 한다고 했다. 그래서 승소율이 1퍼센트가 채 되지 않는다는 통계가 있지 않은가.

  마음을 고쳐먹었다. 괜한 힘 빼지 말고 환자가 수술 전 상태로 돌아가도록 병간호에 최선을 다하자고. 우선 화가 가라앉게 복식호흡을 크게 했다. 그리고 장시간의 수술 시간과 수면 치료를 하느라 오 일이나 피를 말리던 그의 부존재를 생각했다. 잘못되어 그가 없다고 생각하니 먹는 것도 화장실 가는 것도 다 예쁘게 보이고 감사했다. 심지어 코 고는 소리까지 살아 있다는 것을 증명하는 것 같아 자장가같이 들렸다. '최선을 다하자.'라던 좌우명이 '매사에 감사하고 웃으며 살자.'로 자연스레 바뀌었다.

  몇 년이 지나니 그런 큰 수술을 받은 사람 같지 않게 그는 교외 운동까지 자주 나간다. 정말 감사한 일인데 시간이 갈수록 그의 건강이 당연시되었다. 모든 것에 그를 우선하고 황제 모시듯 했는데 어느 사이부터 원 상태로 돌아간 게다. 회귀의 법칙인지 에너지 보존의 법칙인지 모르지만, 그는 당연히 서운할 수밖에.

오랜만에 들른 아이들 앞에 생각 없이 일품요리를 밀어 놓았다.
"나도 저것 좋아하는데….”
그 소리에 측은지심이 일었다. 젊었을 때는 질투한다고 눈을 흘겼는데, 지금 건강하지만, 주름살 위의 흰 머리카락이 영락없는 노인이다. 그 모습에 같이 늙는 내 모습이 반사되었다. 새 생명은 무위의 정치를 한다고 할 만큼 아름답지만 아무리 곱게 늙어도 늙음은 낡은 옷처럼 초라하다. 살려만 주신다면 온 정성을 다하겠다는 맹세와 감사한 마음을 바위에 새기지 않고 모래 위에 썼던가.

글을 쓰다가 어느 책을 찾았다. 배경지식이 없었는지 얼른 이해되지 않아 몇 번을 다시 읽은 책이다. 읽을수록 더 이해되고 머리에 남아 있지만, 정확히 인용하려고 다시 펼쳤다. 여러 군데 밑줄을 그어 놓았다. 여러 번 읽었기 때문에 찾는 부분이 쉽게 눈에 들어왔다. 역시 고전은 다르다 싶어 쾌재를 불렀다.

'이 순간 내게 가장 가깝고 중요한 사람은 그 책이 아니고 내 남편이다.' 자각과 반성이 동시에 일었다. 콩깍지가 씌어 처음부터 어려운 책은 아니었으나 큰 화재로 손실될 뻔한 유일무이하게 귀한 책이지 않은가.

나는 그 귀한 책을 인지하고 연필로 줄을 그은 곳에 삼색 펜으로 다시 줄을 그으며 정독한다. '배우고 때맞추어 익히니, 또한 기쁘지 아니한가!' 논어 학이편의 구절을 떠 올리며 오늘도 나는 영원한 고전 '남편'을 다시 읽는다.

유예

 책 읽기를 즐긴다. 모르던 것을 아는 희열감에 어떻게 전개될지 궁금증과 재미가 증폭되니 학이시습지불역열호(學而時習之不亦說乎)라는 논어의 첫머리 문장을 공감하게 된다. 이런 기쁨이 유예를 불러왔다.

 방마다 가슴에 책갈피를 껴안은 책들이 경쟁하듯 추파를 던진다. 지인들이 보내준 책과 필요해서 구매한 책, 도서관에서 대여한 책이 쌓인다. 작가가 제 돈으로 책을 사 봐야지 하면서도 책 욕심이 많아서 도서관 봉사를 하며 눈독을 들인 책을 모셔 오곤 한다. 날짜가 정해져 있으니, 반납일까지 다 보겠다는 타당한 이유를 앞세우면서. 시력도 좋지 않은데 이러는 나에게 남편은 넌지시 핀잔을 준다.

 재직 중에는 바빠서 수험 공부하듯 한 권 한 권 독파하고 적바림했다. 여러 권의 책을 동시에 보면, 청탁받은 원고 쓰는데 단서가 되기도 하고 일간지 필진이라 정확히 인용하게 되는 장점이 있다.

이즈음 더 많은 책이 나를 찾아온다. 혹자는 다른 책의 인용으로 이루어진 게 책이고, 독창성이란 이미 존재하는 것들을 책장에 자기 식으로 배치하는 것이라고 말한다. 하지만 보내준 성의가 고마워 빠뜨리지 않고 읽다 보니 하나같이 잘 써서 여러 군데 밑줄을 그었다. 특히 첫 출간이 몇 권 있었는데 놀라웠다. "한 권의 책은 내면의 바다를 깨는 도끼여야 한다."라는 카프카의 문장이 떠올랐다. 이십여 년 전 등단 시기의 졸작을 펴 보고 작금의 내 글을 다시 보며 자괴감이 일었다. 나만큼 책 많이 보는 사람도 흔치 않으리라 생각했는데 지식 폭발 시대의 난센스였나. 글 잘 쓰려면 많이 읽고 많이 생각하고 많이 쓰라는 게 금과옥조이다. 더군다나 독서를 이기는 것은 없다고 하는데 생각이 짧았는지 꼰대 소리가 들리는 것만 같다.

책 받은 지인이 너무 많아 평소 만나는 분이나 첫 출간한 분께 밥 한번 사야지 했다. 가르치신 분과 평소 고마웠던 분도 같이하면 더 의미 있으리라는 생각도 하면서. 출판기념회에 갔으면 자연히 마음이 전해졌을 텐데 문학회장 직책을 수행하다 보니 다른 행사와 겹칠 때는 참석하지 못하여 미안하게 되었다. 의례적인 말이 싫어서 내가 한 말을 지키는 편인데 마무리를 짓는 연말에 서로의 시간대가 맞지 않아 유예되었다. 자주 만나는 관계이면 생활방식도 알고 기호도 알

텐데 배경지식이 없으니 다시 연락하기도 옹색했다. 인간관계란 쉬운 게 아니라는 생각을 하면서 며칠이 지나고 해가 바뀌어 일 년 전의 일이 되고 말았다.

새해가 되니 이런저런 일이 한꺼번에 밀물지고 설 명절이 다가왔다. 빨리 뛰는 토끼가 경주에서 거북이한테 졌다고 하는 우화를 토끼해에 다시 생각게 될 줄이야.

직장 근무하던 젊은 시절엔 가로 세로를 딱 맞추고 마침표를 확실히 찍어야 불안하지 않았다. 불안감이란 게 결국 무언가를 얻기 위해 치러야 하는 대가란 걸 인정하게 시간이 흘러갔다. 세월은 곳간을 채우려는 어리석음을 자연히 소색(素色) 시키며 느림의 여유를 주었다.

이파리를 미련 없이 다 떨구고 묵언 수행하는 수도승처럼 서 있는 수목들에 눈길이 머문다. 다 비워내고 죽은 듯 침묵하는 지 나무에 봄볕과 바람이 스치면 기지개를 켜며 새 움이 파릇파릇 돋아나리라.

인간 본성에는 사람들과 친밀하고 싶은 충동과 자주적으로 되려는 충동이 동시에 존재한다고 심리학자 앤서니 스토가 말했다. 느림은 기억하고 싶은 것에 비례하고 빠름은 잊고 싶은 것에 비례한다는 문장을 떠올리며 유예를 합리화한다. 언젠가는 시절 인연이 닿기를 소망하면서.

저녁나절의 그림자

그림자가 어느새 길어졌다. 산책길의 나무그림자를 따라가며 그림자밟기 놀이하던 시절이 그리워 폴짝폴짝 따라 밟으며 집으로 왔다. 아뿔싸. 장갑 한 짝이 보이지 않는다. 괜스레 끼고 나갔더니 그림자와 친구가 되었나 보다. 오던 길을 되돌아가 보았다. 누군가 길가 나무 위에 장갑 한 짝을 걸어놓아 반갑게 다가갔으나 그게 아니다. 스카프에 이어 장갑마저 분실했으니, 마음이 조금 찜찜하다.

"잃어버린 것을 애석해하고 목표를 가지고 초조해하는 한 평화가 어떤 것인지 너는 모른다."라는 헤르만 헤세의 행복이란 시구를 암송하며 마음을 달랠 수밖에.

어릴 때 엄마는 빨간 벙어리 장갑을 떠서 끈으로 이어주셨는데 큰 나무 옆을 지나가다가 끈이 옹이에 걸렸다. 장갑을 벗어놓고 가는 수밖에 없는데 옆집 오빠가 내려주었다. 그때 그가 참 멋있게 보여서 한동안 가슴 떨리던 추억이 있다. 어린 시절의 분홍빛 사연을 소환해 미소를 짓는데, 식탁에 다가서던 남편이 장갑 한 짝을 마술사처럼 내민다. 의자에 떨어진 것이 식탁보에 가려서 안 보인 게다. 잃어버린 사람 죄가 더 많다는 속담을 생각하며 '세상에' 소리가 절로 나왔다.

지난번 원로분이 유서 깊은 문학지에 주인공으로 실려서 축하 차 일행과 점심을 같이 했는데 오시다가 장갑을 분실하셨단다. 괜한 짓을 한 것 같아 바로 하나를 사드려야 했는데 기호도 모르고 바쁘다는 핑계로 용기를 내지 못했다. 내 장갑을 잃었다가 찾고 보니 좋아서 그런 마음을 선물하고 싶었다. 바로 주문하고 생각해 보니 적당하지 않은 것 같다. 한겨울은 지났으니 사후 약방문을 한 것 같고 계절 감각을 모르는 사람이 된 것만 같았다. 이래서 시질 인연이란 말이 있는 게 아닌가 하며, 나쁜 일은 즉시 잃어버리는 둔감력이 꽤 있었는데 그날은 그러지 못했다.

며칠 후 괜한 기우가 사라졌다. 얼마 전에도 택시에서 장갑 한 짝을 잃어버렸는데 어떻게 알았는지 택시 기사가 가지고 왔더란다. 감동했는데 지금도 그런 마음이라며 괜한 소리를 한 게 부끄럽고 주책스러워 펜을 들었다고 하셨다. 잃어버린 장갑은 이천 원짜리여서 쑥스럽다고 하시는 말씀에 다시 민망함이 교차했다. 적지 않은 연세에도 늘 배우고 가르치시며 정신을 풍요롭게 하고 물질은 최소화해, 거주하는 집을 사후 모교에 기증하기로 한 분이시다. 어려서 읽은 큰 바위 얼굴이 떠올랐다.

인간의 가치는 명예나 권력 등 세속적인 것에 있는 것이 아니라 끊임없이 자기 탐구를 거쳐 얻어진 지식을 실천하는 데 있다는 것을 인지하게 해서다. 중국 명나라 양명학의 사상인 지행합일(知行合一)이 너새니얼 호손의 큰 바위 얼굴에도 주제가 되었다. 진리는 시대와 동서양을 막론하고 서로 통한다는 이치이리라.

세상에 올 때 빈손으로 와서 빈손으로 가니 욕심을 줄이고 만족하라고 법정 스님은 소욕지족(少欲知足)을 말씀하셨는데….

무소유란 아무것도 갖지 않는 빈털터리가 되는 것이 아니고 불필요한 것을 갖지 않는 것이라고 하셨다. 평범한 사람들이 무소유를 실천하기란 쉽지 않다. 장갑이나 책 한 권 버리려 해도 망설이니 말이다. 미련을 버려야 하지만 세월이 쌓이며 잃는 것은 점점 많아지는데 고정 관념은 더께같이 쌓인다.

문 한쪽이 닫히면 다른 쪽 문이 열리는 게 세상 이치라고 한다. 다만 우리가 닫힌 문에 집착해서 아쉬워하기 때문에 열려 있는 다른 문을 보지 못한다. 어려서 읽은 권선징악의 교훈으로 미화된 책 속의 위인은 존경하면서, 본보기가 되시는 분은 곁에 계셔선지 당연히 여긴다. 큰 바위 얼굴을 닮고 싶어 하면, 하지 않는 것보다는 나을 거라고 옹색하게 생각할 뿐이다.

현수막이나 신문, TV에 당선인들의 사진이 많이 실린다. 진정 국가와 국민을 사랑하는 이타적 리더는 누구인지. 국회에 입성하면 너나없이 당리당략만 좇아서 국개의원이란 비속어까지 쓰는 세태가 되었으니 말이다. 나라 발전을 위한 초심으로, 선한 영향력을 저녁나절 그림자처럼 길게 행사할 큰 바위 얼굴은. 본체가 있어야 그림자도 생기는데 국민이 본체라는 것을 잊지 않고 초심을 유지하길 바랄 뿐이다.

세상에 의미 없는 일은 없다고 하더니 분실했다고 여긴 장갑이 저녁나절의 그림자가 되어 사유가 깊어진다.

풀솜 할미

 책 읽는 재미가 쏠쏠하다. 소설은 다음이 궁금하여 손에서 놓을 수 없고 수필은 이런 일이 있구나 싶어 접기가 쉽지 않다. 새로운 낱말이나 매력적인 문장에 반해서 검색해 보고 적바림해 놓은 것이 덤으로 꽤 많아졌다. 처음에는 열심히 적고 암기했으나, 이러다가 본의 아니게 표절이 될지도 모른다는 핑계로 지금은 습관처럼 적기만 한다. 이런 나를 보고 남편은 몸이 천 냥이면 눈이 구백 냥이니 신세 생각해서 후살이 가라고 넌지시 걱정을 내비치지만, 호기심은 노화를 늦춘다지 않는가. 이러고 나면 재미를 좇다가 삶에 구멍을 내는 게 아니냐고 노파심이 일어 책을 잠시 밀쳐놓지만, 시간은 이내 귀소본능을 부르고야 만다.

 소설 당선을 격려하는 선배님이 대학 때부터 적바림해 놓은 다섯 권의 귀한 자료를 보내주셨다. 용도, 성질 별로 일일이 구별한 용언,

잊혀 가는 우리말, 부사어, 속담과 비속어 등 방대하기가 무량하다. 오랜 세월 열정적으로 기록한 것이라 존경스럽고 받기가 무척 송구스러웠다. 나중에 인사를 제대로 해야지 했는데 모래에 써 놓은 바람둥이 연서처럼 2년여가 그냥 흘러갔다. 일을 이루려면 시간, 노력, 비용이 들어야 하는데, 거기에 전문가의 도움이 있으면 지름길로 갈 수 있다. 한 번에 이 모두를 받은 행운이라고 나르시시스트가 되었던가. 이래서 핑계라는 말로 성공한 사람은 가수 김건모밖에 없다고 하는 우스개를 하나 보다.

'대 놓고 색기 부리던 단풍'이란 독특한 시구가 시선을 붙든다. 지인은 미아리 텍사스촌을 가봤나 하고 시큰둥했지만, 이런 낯선 시각으로 볼 수 있는 시인이 부러웠다.

그 적바림 노트에서 풀솜 할미란 낱말을 처음 접하게 되었다. 찬 바람이 가슴을 파고들어 따끈한 커피나 뚝배기 청국장이 그리워지는 계절이어선지 여기에 꽂혔다. 언뜻 어떤 식물 이름인가 했는데 외손에 대한 애정이 따뜻하고 두텁다는 뜻으로, '외할머니'를 친근하게 이르는 말로 나와 있다. 손주는 허가 낸 도둑이라는 말을 실감할 만큼 무엇이든지 주고 싶은 내 마음을 누가 알고 이런 말을 만들었는지 느낌표를 찍었다.

어린 시절 이맘때쯤 시골 외가에 가면 외할머니는 군불 지피며 춥다고 아궁이 앞으로 바짝 끌어 손을 녹여주셨다. 고무래로 불덩이를 꺼내 국수 꼬랑이를 흐벅지게 구워주셨는데 군것질거리가 귀하던 시절이라 그런지 그것도 별미였다. 밥을 잦히고 잉걸불 질화로를 방으로 들여와 고구마며 군밤을 구워주셨다. 입가에 칠하며 허겁지겁 먹는 내게 먹는 모습도 어쩜 그리 이쁘냐고 늠늠하게 껍질을 벗겨 주셨다. 식지 않는 온돌방 아랫목 같다고 아기같이 꼭 안고 주무셨으니 영락없는 풀솜 할미다. 아흔이 넘으신 연세에도 흰머리에 동백기름을 발라 은비녀를 꽂으셨는데 아주 정갈하셨던 모습을 그리움으로 심어 놓으셨다.

이제는 내가 그런 풀솜 할미가 되었구나 싶은데 아직은 어리고 멀리 있으니 선잠 깨울까 그저 영상으로 보여줄 때를 기다리는 수밖에….

대신 천연 식초의 풀솜 할미가 되기로 했다. 오래 식음을 한 지인이 천연 식초의 좋은 점을 강조하며 권했다. 만병통치약 같음이 흥감스러워 신뢰가 덜 갔으나 눈에 좋다는 것에 끌려 초 밀란 만들기 시도를 했다. 유정란에 천연 식초를 넣어 실온에 보름 놔두면 겉껍질은 다 녹고 속껍질만 남는데 건져내고 물 3~5에 식초 1을 섞어서 식후에 바로 소주잔 한잔 정도에 꿀을 타 마셨다. 한 달여 마시고 눈 검사를 했더니 망막에 있던 부기가 삼 년 만에 거의 없어졌다고 한다. 참으로 신기해서 천연 식초의 풀솜 할미를 자처했다. 식초 마니아보다 풀솜 할미라는 우리말이 더 정겹지 않은가.

눈이나 가족에게 미안한 생각 없이 마음껏 책을 볼 수 있으니 천연 식초의 풀솜 할미가 한번 되어보자고 손을 내밀고 싶다.

그래도 희망을

　새해가 시작되고 설 명절과 입춘이 지났다. 암초에 부딪혀 소용돌이치듯 하는 암울함이 "내일은 또 다른 해가 떠오른다."라는 『바람과 함께 사라지다』의 마무리 문구에 희망을 건다.
　올해는 을사년 푸른 뱀의 해이다. 역학(易學)에서 입춘부터 진정한 새해로 치는데 갑·을은 청색이고 병·정은 붉은색이다. 무·기는 황색이고 경·신은 흰색이다. 임·계는 검은색을 뜻하니 을사년은 푸른 뱀의 해가 되는 것이다. 뱀은 징그럽다는 선입감을 느끼지만, 푸른 희망의 비단뱀은 다르겠지. 1905년 을사늑약이 체결돼서 을씨년스럽다는 말이 생기기도 했지만, 지난해는 올해가 아니듯 과거를 통해 새로운 지혜를 얻으라고 온고지신(溫故知新)의 사자성어가 알려준다. 옛것과 새것을 조화시켜 살기 좋은 세상을 만들라고.

어머님이 밭일하시다가 잠자는 아기가 불안해 집에 들렀더니 아기 머리맡에 큰 구렁이가 똬리를 틀고 있더란다. 기함해서 비명이 튀어나올 뻔했지만, 입을 틀어막고 떨리는 가슴으로 한 식경을 기다리니 뱀이 스르르 빠져나갔다고 한다. 미물이지만 참 지혜로운 영물이 뱀이라며 뱀이 보호한 뱀띠 아이니, 개천에서 용이 날 거라는 말씀을 하셨다고 한다. 자성예언이 되었는지 문화가 유리된 하늘 아래 첫 동네서 출생한 아이가 대처에서 출세했다는 소리를 듣고 은퇴했다. 금쪽같은 자식의 위기 앞에서 침착했던 어머님이 더 지혜로웠다는 존경심이 들었다. 지혜로운 어머님의 아들이라서 품새를 갖춘 진정한 어른으로 주위를 편안하게 해 준다. 보이지 않는 말이 씨가 되는 희망을 심고 싶다.

외출한 남편의 전화가 왔다. 지갑이 없다고 입었던 옷이나 응접세트 위를 좀 보란다. 눈에 힘을 수며 찾아보았다. 옷을 털기끼지 했는데 보이지 않는다. 분실신고를 권유했다. 귀가한 그이가 걸려 있던 옷 속주머니에서 지갑을 꺼내며 "여기 있네." 한다. 참 기가 막힐 노릇이다. 몇 번씩이나 뒤졌는데도 없던 것이 나타났으니, 앞으로 청맹과니라 불러 달라며 미안해했다. 요즈음 어지러운 시국에 이러구러 사는 게 우리들의 삶이 아닌가 싶다.

새해를 맞고 설 명절을 보내며 삼가 새해를 축하한다거나 복 많이 받으라는 덕담을 한다. 삶에서 누리는 좋고 만족할 만한 행운이나 행복을 통틀어 복(福)이라 하니 함축된 참으로 좋은 말이다. 선인들은 먼저 복을 지어야 하고 복을 넘치지 않게 써야 비로소 복을 받을 수 있다고 했다. 재물을 나누면 조금 나누는 것이고 지혜를 나누면 많이 나누는 것이며 사랑을 나누면 다 나누는 것이라 한다. 진정한 덕담은 피그말리온 효과를 불러와 선한 영향력으로 화합을 모색하게 하고 위기를 기회로 활용할 것이다.

위기(crisis)란 본래 '분리한다거나 과열'을 뜻하는 그리스어의 krinein에서 비롯된 말이라고 한다. 이는 회복과 죽음의 분기점이 되는 갑작스럽고 결정적인 병세의 변화를 가리키는 의학용어로 결단 혹은 단호함의 의미로 사용되기도 하였다. 그러니 위기는 선택의 기로이자 기회라는 뜻으로 해석할 수 있다. 국가적인 위기 앞에서 누구도 피해 갈 수 없지만 최고의 기회가 될 수 있는 것이다.

선인들은 날을 만들어 날마다 새로운 결심을 하고, 달을 만들어 매달 새로운 결심을 확인하게 했어도 우리는 이루지 못하고 실천하지 못한 꿈이 있다.

세계 10위권 안에 드는 경제 대국인 저력의 우리나라가 국가적인 위기에 봉착해 있다. 하늘을 나는 새는 센 바람을 탓하지 않고 바람이 몹시 부는 날에 악천후에도 견디는 집을 짓는다고 한다. 남의 탓을 하기보다 내가 할 일을 긍정적으로 찾아 지혜로운 푸른 뱀의 지혜로 희망을 품었으면 좋겠다.

눈의 하소연

주인님은 선량한 악덕 고용주이죠. 선량하다는 말은 들어봤어도 악덕 고용주는 금시초문이라고요? 아무리 수족이라도 하루 17시간 근무는 말이 안 되는데 저는 더 중요한 눈입니다. 수면시간을 제외한 모든 시간을 부리고도 아직 인지하지 못하니 참 안타깝습니다.

주인님과 함께 이 세상에 와서 보석같이 반짝이는 눈이라거나 눈웃음이 일품이라는 찬사를 들을 때는 우쭐하면서 일심동체에 감사했지요. 꽃이 향기롭게 피어나는 순간과 국내외 절경을 보여 주려 온 정성을 다했어요. 악습이 습관화되면 모르듯이 주인님은 이런 저의 충심을 악용하기 시작했어요. 활자에 빠져 있거나 컴퓨터, 스마트폰을 가리지 않고 저를 혹사시켰어요. 더는 참을 수 없어 짐승같이 충혈되어 화를 내도 주인님은 그때뿐이라 여겼기에 급기야 저는 붉은 띠에 피켓을 들었습니다.

'국민을 위한 국민에 의한 국민의 정부'란 구호를 보며 눈의 평안이 주인님의 행복임을 말씀드립니다. '은혜는 바위에 새기고 원수는 모래에 새기라.'는 옛말도 있지요.

주인님이 눈에 관해 쓴 글을 읽으시고 각성해 주십사 부탁드립니다.

호되게 당하다가 깨어났다. 늘 눈을 혹사한다는 가책을 느끼고 있어서인가 보다. 그래도 눈 건강을 생각하라는 예지몽이 기회를 한 번 더 주는가 싶어 고맙다는 자각이 들었다.

어릴 적 살던 동네에 설을 지나면 지팡이를 짚은 맹인이 찾아왔다. 그해의 운세인 토정비결을 봐주는데 앞을 못 봐서 그런지 영험하다고 했다. 머슴애들은 여자애들의 고무줄을 끊고 놀다가 그분을 따라다니며 심 봉사가 나타났다고 놀려대곤 했다. 말릴 생각 못 하고 그저 물끄러미 바라본 기억이 부끄럽게 남아 있다.

몸이 천 냥이면 눈은 구백 냥이라고 한다. 그만큼 눈이 중요하다는 말이다. 그것을 모르지 않지만 살다 보면 중요한 일보다는 급한 일을 우선 처리하는 게 인지상정이다.

열정도 병이라지만 무엇이든 내 손으로 직접 하는 것을 좋아한다. 좋아하는 책을 읽고 글을 쓸 때 살아있는 기쁨을 느낀다. 눈이 좀 쉬었으면 하고 신호를 보내도 여전히 좌충우돌한다. 찾던 파랑새는 집에 있는데 그것을 찾아 헤매는 낭인같이 괜스레 헛손질한다. 그러다 보니 바쁜 손이 쉬는 독서 시간에도 눈은 쉴 새가 없다. 미안한 마음을 갖고 있지만 그때뿐이다.

부모님께서 좋은 시력을 주셨는데 점점 시력이 나빠지는데도 활자 중독증 운운하며 책을 잡고 있으니, 늘 걱정하며 한마디 하는 남편한테 눈치가 보인다. 그 말에 도스토옙스키가 '영원한 추구, 우리는 그것을 인생이라고 부른다.'라고 장군에 멍군이라고 응수했다. 식자인 척 쓸데없이 열정으로 포장했지만, 사실 건강이 염려되지 않는 사람이 어디 있으랴.

헬렌 켈러는 세계적인 수필 『3일만 볼 수 있다면』에서 "눈을 뜨는 순간 평생을 가르친 설리번 선생을 제일 먼저 찾아뵙고 싶다. 둘째 날엔 먼동이 트는 모습을 보고 셋째 날엔 출근하는 사람들의 활기찬 표정을 보고 싶다. 이렇게 시간을 보내다가 다시 나의 눈이 감길 때, 사흘간 눈을 뜨게 해 주신 하느님께 감사의 기도를 드리겠다. 가끔은 이 모든 것을 직접 보고 싶다는 갈망으로 가슴이 터질 듯하다. 만지는 것만으로도 이토록 즐거운데 직접 본다면 얼마나 아름다울까. 눈으로 보는 사람들이 더 적게 보는 것 같다. 볼 수 있는 이들에게는 어쩌면 온갖 색과 움직임의 신비로운 세계가 대수롭지 않게 여겨질

지도 모르겠다. 어쩌면 가진 것을 감사히 여기는 것보다 갖지 못한 것을 염원하는 모습이 오히려 인간적으로 보일 수 있겠다. 만약 대학 총장이 될 수 있다면 '당신의 눈을 잘 쓰는 법'을 필수 과목으로 하겠다."라고 했다.

  누군가 이렇게 간절히 원하는 눈으로 그 모든 것을 볼 수 있는 우리는 행복한 사람이다. 이런 귀한 눈을 좀 쉬게 하면서 눈에 좋은 음식과 눈 운동을 생활화해야겠다. 눈을 혹사하지 말고 보이지 않는 것을 마음으로 보며, 다르게 볼 수 있는 이타적인 마음의 눈을 떠보라고 눈이 넌지시 하소연한다.

숫눈길

'이렇게 쉬운 문제를!' 하면서 서둘러 답을 적었다. "땡~, 좀 더 자세히 보시기 바랍니다" 함정을 눈치채지 못하고 연산까지 미처 생각 못 했구나 싶어 다시 답을 고쳐 썼다. 이번엔 "사람이 양말에 신발을 신고 꽃다발을 2개 들었습니다."라고 하며 친절하게 힌트를 준다. 자세히 보니 답이 뻔한 것인데 맛있는 음식 누가 먼저 먹을세라 내 것이라고 침 바르듯 덤볐으니 가관이다.

딱하다는 듯 '이 나이 먹도록~'이라는 노래 가사가 튀어나와 죽비처럼 내리친다. 치매 예방에 좋다는 퀴즈가 종종 단체방에 뜬다. 아직도 아이같이 호기심이 많아서 매달리는데, 속담이나 사자성어 문제는 그런대로 잘 맞히는 편이다. 거기서 끝났으면 좋았으련만 수칙 계산까지 매달려서 이런 낭패를 본 것이다.

근육이 찌뿌둥하니 산책할 시간이다. 퇴직할 무렵 높은 산에서 골절이 된 후 집 근처 앞산에서 산책을 쭉 해왔더니 몸시계에 관성이 생겼나 보다. "바쁘게 사는 사람은 나쁜 습관을 들일 시간이 없고 늙을 시간도 없다."라는 프랑스 작가 앙드레 모르아의 경구를 좋아한다. 좋아하면 닮는다더니 근육운동이 반복되어 습관이 들었구나 싶어서 잠시 다운되었던 기분이 좋아진다. 독서나 습작, 산책 등은 이렇게 갇혀 있을 때 더 열심히 할 수 있어 좋은 기회라 한다면 아이러니라 할지.

대설주의보가 내려서 인적이 뜸한 숫눈길에는 뽀드득 소리가 앞서가고 새하얀 발자국이 뒤따라온다. 유일무이한 화공이 세상이란 큰 도화지 위에 청정한 걸작을 그려서 내걸었다. 어느 곳에나 만개한 갖가지 모습의 백설 꽃은 어떠한 감탄사나 언어로도 표현할 수 없는 순결미를 발산한다. 탄성을 지르며 뒤를 돌아보니 '숫눈길을 걷는 사람만이 제 발자국을 남긴다.'라는 속담이 떠올랐다. 잠시 인류의 개척자가 된 듯 뿌듯해진다. 기온이 올라가면 녹아서 흔적도 없이 스러지려니 이 순간을 붙잡아두고 싶은 조바심이 인다.

조심스레 몇 발짝을 더 떼니 폭설을 이기지 못한 소나무 가지가 축 늘어져 있다. 눈이 더 내린다면 10여 년 전 그 날처럼 소나무 가지는 맑은 피를 흘리며 찢어질 것이다.

100년 만의 폭설로 차에 갇혀서 바라보는 설경이 더없이 고혹적이다. 그러나 침엽수들은 평생을 공들여 온 수족들이 잘라나가는 고통을 겪으리라. 겨울을 대비해 미리 떨켜가 생긴 활엽수는 잎을 거름으로 보시한 덕에 생생히 잘 버틸 수 있을 테지만, 지조의 상징 같은 잎을 차마 털어내지 못한 침엽수들은 무게가 더해져 수난을 당하는 것이다. 세상에 모든 숨탄것은 생로병사의 과정을 거친다. 인간이 만물의 영장이라 하지만 그 순리를 벗어날 수 있으랴.

 흔히 욕심이라 하면 물욕을 말하고 지나친 사람을 천시하지만 과한 호기심이나 성취욕도 욕망이 아니던가. 나이가 들며 시력이 감퇴하고 또렷하게 들리지 않는 것은 순리를 따르라는 섭리라고 하는데, 우리는 종종 망각하고 산다. 무엇이든 과한 것은 부족한 것만 같지 못하다. 절반을 더 살고도 문리가 트지 않아 겉만 어른인 아이에게, 숫눈길이 '비우면 충만'해지는 무심(無心)의 법문을 조곤조곤 들려준다.

기발한 덕담

유년 시절은 보릿고개를 운운하던 어려운 때여서 많은 사람이 배를 곯았다. 그래도 명절 때만은 한껏 풍족해서 철부지들은 설날을 손꼽아 기다렸다. 모처럼 고운 설빔도 입을 수 있고 맛있는 음식을 마음껏 먹을 수 있어서이다.

어머니는 썰기 좋게 굳으라고 제일 먼저 동네 방앗간에서 줄을 서서 가래떡을 빼 오셨다. 그다음 조청과 유과, 강정을 집에서 직접 하셨는데 아이들이 좋아하는 리본 모양, 동물 모양의 유과를 만드셨다. 제상에 올라갈 음식을 먼저 담아 시렁에 올려놓으면 우리들의 손은 누구보다 빨라졌다. 서로 많이 먹으려 완전히 속도 경쟁을 벌였는데 보물찾기하듯 또 광을 살피곤 했다.

까치설날에는 묵은세배하고 설날에는 새해 세배를 하며 덕담을 듣던 세시 풍습을 핵가족 시대의 아이들은 들어 봤을지. 형제자매들과 함께 동네를 돌던 정겨운 모습 위에 고향의 소리가 들리는 듯하다.

학교에서 돌아오면 어머니는 손님을 대접하듯 가장 예쁜 그릇에 담은 맛있는 음식들을 내놓으셨다. 허겁지겁 게 눈 감추듯 하는 내게 어머니는 지금처럼 밝게 살라고 덕담하셨다.

그럴 때면 선친께서 꽃부리 '영(英)'에 항렬자 밝을 '희(熙)'를 넣어 '꽃부리가 밝다. 꽃부리가 빛난다.'라고 영희라 지어주신 이름에 대해 생각했다. 그때는 부리를 발음 나는 대로 뿌리로 알고, 어떻게 흙 속에 있는 꽃 뿌리가 밝을 수 있는지 내 이름이 얼른 이해되지 않았다. 더 커서 사전을 찾아보고서야 꽃부리는 '꽃 한 송이에 있는 꽃잎 전부를 이르는 말'임을 알았으니 무식의 소치다.

인상 좋다는 소리를 들을 수 있는 것은 늘 밝고 빛나는 꽃으로 살라는 소망이 덕담되어 피그말리온 효과를 일으킨 것은 아닌지. 자기 효능성을 믿고 나이 들어 신춘 문예에 도전할 수 있는 회복탄력성이 부모님의 덕담에서 출발하지 않았는지 하는 생각이 이제야 든다.

수상식 자리에 참석한 문우가 손수 만든 가방에서 유려한 필치의 덕담을 꺼냈다.

이 ~ 이럴 수가

영 ~ 영롱하게

희 ~ 희망 기쁨 넘치는 그 모습, 아름답고 더불어 행복합니다.

기발한 삼행시의 덕담이 새삼 기쁨을 배가시킨다.

새해가 되면 "삼가 새해를 축하합니다." "새해 복 많이 받으세요." 라는 덕담을 많이들 한다. 현재의 복은 수많은 선행이 이루어진 결과라고 하는데 먼저 복을 지어야 하고 복을 넘치지 않게 써야 비로소 복을 받을 수 있다고 한다. 작복, 석복, 수복의 삼 단계를 거치는 것이다.

10여 년 전에 같이 근무한 직원의 전화를 받았다. 척사대회 상금을 탄 직원이 세종시에서 덕담처럼 잘 살고 있다며 안부를 전해 와서 추억을 떠올리게 했다. 그때는 설이 지나고 토요일 오후에 친목을 도모하는 척사대회를 열었다. 과별 리그전이었는데 우리 과가 유독 잘해서 우승했다. 여자 과장이라 봐준 것 아니냐고 하자 '철수 애인 영희라서.'라는 우스갯소리가 따라왔다.

윷판에는 하나를 더 얻는 잉태, 모두 다 퐁당 빠지는 안타까운 지옥이 있는데 생생하게 보이는 듯하다. 그 시절이 못내 그리워지는 것은 젊은 날이었기 때문이리라. 아름다운 추억의 윷가락과 작은 정성을 보냈다고 하는데 듣기만 해도 흐뭇해진다.

이렇듯 인품이 좋은 이들이 화향천리(花香千里), 인향만리(人香萬里)라는 좋은 문구를 떠오르게 한다. 대개 사람들은 눈 속에서 피어나는 복수초를 보듯 자신이 좋은 이미지로 떠올랐으면 하는 바람이 있을 것이다.

대화의 거리를 언어학자들은 친밀 거리, 평상 거리, 예의 거리로 나누는데 에드워드 홀은 친밀함의 거리, 개인적인 거리, 사회적인 거리, 공적인 거리로 나누었다.

3포 시대, 5포 시대라 칭하는 어려운 시대이다 보니 '올해 취직해라.' '올해는 꼭 결혼해라'라는 덕담은 친밀 거리 내에서도 절대 사절이란다. 잘못 썼다가는 꼰대 소리를 듣기 십상이니 적절한 거리 유지에 불안한 시대상이 겹쳐 씁쓸하다. 덕담도 역지사지의 입장에서 적절하게 소통이 될 때 효과가 있을 것은 자명한 일이다. 내가 바라는 것을 남에게 먼저 배려할 일이다.

'영롱하게 희망 기쁨 넘치는 그 모습, 더불어 행복합니다.'라고 느낄 기발한 덕담을 눈보라 속에서도 피어난 매화의 향기처럼 전파하고 싶다.

소이부답(笑而不答)

'말, 너 참 어렵다.'라는 하소연을 새삼 자주 하게 된다.

뜻있는 일이라 생각하고 중지를 모아 공표함에 박수로 화답했는데 시간이 흐르며 이견이 발생했다. 다시 임원회를 소집하여 논의하였으나, 좀 보완하여 그대로 하자는 중론이었다. 소수의 의견도 중요하기 때문에 궁리를 많이 했다.

말하기 시작해서 이제껏 쉬이 말하며 살아왔는데 글 쓰는 것만큼이나 말하는 게 점점 더 어렵다는 생각이 든다. 가만히 되짚어 보니 공직에 있을 때는 법규에 따라 시행하고 국민의 공복으로서 그들의 필요에 따라 공익을 실현하면 되었다. 하긴 그 조직에 있는 사람들은 목표가 하나였으니 돌출 민원이 있어도 그때는 친절로 해결이 되었다. 나도 젊었으니 조심하고 긴장했으리라. 하나 사회생활에서는 사람의 숫자만큼이나 이해관계가 달라서 같은 말인데도 다르게 생각할 수 있다. 나름 알게 모르게 쌓인 고정관념을 가지고 다른 이한테 동의를 구하기도 한다. 그래서 이이제이(以夷制夷)라는 말이 생겼을지.

'말 한마디로 천 냥 빚을 갚는다.' '말이 고우면 비지 사 올 것 두부 사 온다.' 등 말에 대한 속담과 격언은 무수히 많다. 그냥 웃어보자고 우스개를 해도 전혀 그런 뜻이 아니었는데, 자격지심으로 거북해할 때가 있다. 유머도 듣는 이의 입장에 따라 해석이 달라질 수 있어서 함부로 하면 안 되고 묵언이 답이라는 것을 알아가는 중이다. 보는 각도에 따라 달라서 원기둥은 앞에서 보면 직사각형이고 위에서 보면 원이다. 코끼리 다리를 만지고 시각 장애인만 다양하게 표현하는 게 아니다. 대개 사람은 자기가 보고 싶은 것만 보고 듣고 싶은 것만 듣는다는 통계가 있지 않은가. 말이 모든 것을 태울 수 있는 불쏘시개가 될 수 있다는 생각이 들었다.

세상을 살면서 조심하지 않으면 부끄러움을 당하는 인생 십치(十恥)를 알고서 사유가 더 깊어졌다. 열 가지 중, 입으로 인하여 남에게 욕을 듣는 구취(口恥)에 방점이 찍혔다. 공직 생활 40년 남직원들 틈바구니에서 산전수전 공중전까지 다 겪은 줄 알았는데 사회생활 경험이 없는 완전 초보 같다. 목표 의식이 몸에 배어 '빨리빨리'를 연발하며 해결하다가 이런 일이 생기면 옛 어른들은 부덕의 소치라고 했다.

정권 창출이 목표여서 당리당략을 일삼는 정치인들은 물론이고 노벨문학상 수상을 가지고도 설전이 불꽃 튀듯 뜨겁다. 수상작을 읽어 보지도 않고 매도하는 사람도 있다. 하긴 다양한 사람들이 사는데 모두 생각이 같다면 공산당이라는 말이 왜 있겠는가. 틀린 게 아니고 다른 게 정상이다. 타인이 바뀔 것을 바라지 말고 어렵더라도 내가 이해하고 바뀌면 되는 것을….

어려서 유치원 과정이 없어 말을 제대로 배우지 못해서라고 하면 책임 회피이고 어른스럽지 못하다. 커피 향이 밴 가을비처럼 말을 안으로 삭이며 과묵한 사람이 되어도 좋으리라. 어떤 말을 하느냐보다 어떻게 전달이 되느냐가 중요하고 때론 노코멘트가 답일 수 있다. 소이부답(笑而不答)이다.

중국의 유명한 시인 이백의 산중문답(山中問答)이라는 시에 말 대신 웃음으로 답하는 모습이라니 멋스럽기도 하다. 발효되고 정세된 말도 중요하지만, 미소로 치환하는 지혜를 습관화해야겠다. 혼자 가면 빠르지만, 함께 갈 때 멀리 갈 수 있다는 아프리카 속담을 생각하며 진중히 가야 한다. 나이테 많은 나무처럼 등치만 어른인 내게 내 안의 아이가 한심하다는 듯 소이부답 한다. 웃자란 풀이던가.

따뜻한 편지

편리한 것일수록 더 위험하고 예측불허다. 보이지 않고 별 준비 없이 나오는 말이나 글로 곤란할 때가 있다. 어느 문학 잡지사에서 원고 청탁한 책을 보내왔는데, 프로필란에 표기가 잘못되었다. 확인을 다시 해서 제출 시 맞게 보냈었는데…. 잡지사에 메일을 다시 보내고 전화했더니 죄송하다며 그냥 웃기만 하는데 정초부터 더 뭐랄 수가 없었다.

그때 친구의 전화가 와서 말에 다쳤다고 했더니 다른 친구가 이 나이에 무슨 승마를 배우냐며 우리 나이에 뼈 다치면 한참 고생한다고 한다. 집에서나 밖에서나 넘어지지 말아야 한단다. 세 끼 거르지 말고 꼭 먹되 과식은 하지 말며 이사하지 말고 살던 집에서 그대로 살라는 충고까지 한다. 말이 무모하고 무서운 줄은 알았지만 이렇게 와전이 되니, 현 회장한테 본의 아니게 미안하게 되었다고 전화할까

하다가 그만두었다.

올해 토정비결에 구설수가 있는지 조심해야겠다고 웃었다. 멍하니 있는데 요즈음 항간에 회자하는 어느 재벌 회장의 "아직은 건강한 그대들에게"라는 편지가 도착했다. 내 주위의 분들과 독자들이 조금 더 건강하고 행복했으면 하는 마음으로 옮겨본다.

아프지 않아도 해마다 건강검진을 받아보고, 목마르지 않아도 물을 많이 마시게.

괴로운 일 있어도 훌훌 털어 버리는 법을 배우고, 양보하며 베푸는 삶도 나쁘지 않으니 그리 한번 살아보게나. 피로하지 않아도 휴식할 줄 알고 아무리 바빠도 움직이며 운동하게나. 사람의 가치를 증명해 주는 것은 바로 건강한 몸이라네. 건강에 들인 돈은 계산기로 두드리지 말게나. 건강할 때 있는 돈을 자산이라고 부르지만, 아픈 뒤 그대가 쥐고 있는 돈은 그저 유산일 뿐이니. 당신을 대신해 차를 몰거나 돈을 벌어 줄 사람은 있지만, 당신의 몸을 대신해 아파줄 사람은 절대 없을 테니.

물건을 잃어버리면 다시 살 수 있어도 하나뿐인 생명은 되찾을 수 없다오.

내가 여기까지 와보니 돈이 무슨 소용 있는가. 무한한 재물의 추구는 나를 그저 탐욕스러운 늙은이로 만들어 버렸다네.

내가 한때 당연한 것으로 알고 누렸던 많은 것들.

돈, 권력, 지위, 이제는 그저 쓰레기에 불과할 뿐.

그러니 전반전을 사는 사람들은 너무 급하고 바쁘게 살지 말고, 후반전을 사는 사람들은 행복한 말년을 위해 지금부터라도 자신을 사랑해 보시게.

전반전에서 빛나는 승리를 거두었던 나는 후반전 병마에 패배했지만, 그래도 이 편지를 그대들에게 전할 수 있음에 따뜻한 기쁨을 느낀다네.

다 읽고 나니 언어에 의해 일그러졌던 심사가 조금은 펴졌다. 언어로 다친 마음은 역시 언어로 푸는 게 맞다. 그래서 결자해지라는 사자성어가 생겼나 보다. 몇 년째 누워있는 재벌 회장의 편지가 맞는지, 어떤 의도가 숨어 있는지 알고 싶지 않았다. 그것은 음미할 만한 가치가 있기 때문이다. 건강만큼 중요한 게 없는데, 우선순위를 잊고 대부분 소홀히 하지 않는가.

어려운 시대를 살아온 나이 든 세대는 일해야 한다는 강박관념과 근검절약이 몸에 배어 있다. 그래서 쉬지 못하고 자신을 위한 일에 투자하지 못하며 돈을 지키려 애쓴다. 아무리 돈이 많아도 죽으면 한 푼 가져갈 수 없고 상속자들 싸움만 시키니 살아서 베푸는 게 현명한 일인데도 말이다.

나이 들수록 집과 환경을 깨끗이 하고(Clean Up), 회의나 모임에 열심히 참석하며(Show Up), 말하기보다 잘 들어주고(Shut Up), 언제나 밝고 유쾌한 분위기를 조성하며(Cheer Up), 용모와 의복은 항상 단정히 해서 구질구질하다는 소리는 듣지 말아야 하고(Dress Up), 지갑은 열어야 하며(Pay Up), 포기할 것은 깨끗이 포기하고 즐겁게 지내야(Give Up) 품위 있는 인생을 보낼 수 있다는 세븐 업(7-Up)을 생각해 본다.

건강하게 자신을 사랑하며 나이 들수록 입은 닫고 지갑은 열어야 한다는 따뜻한 편지다. 인생의 이정표 같은.

청맹과니

눈에 불을 켰다. 한참이나 서재를 뒤져도 보이지 않아 시력이 떨어졌나 하면서, 찾는 것은 맨 나중에 나온다는 머피의 법칙일 것이라고 포기하지 못한다.

문화예술지원사업 신청 책자는 '나 여기 있소.' 하고 고개를 쏙 내미는데, 정작 필요한 자금 신청 및 정산서는 보이지 않는다. 아마 책자로 되어 있는 것은 은연중 중한 것으로 생각해서 잘 간직하고, 몇 장의 유인물로 되어 있는 것은 버린 것 같다.

지금 어지르기 시합 중이냐고 농담하던 남편은 안 돼 보였는지 그만 찾고 다른 방법으로 하는 게 더 빠르겠다고 한다. 그 생각을 왜 못했을까 하면서 시스템에 들어가 보니, 유인물이 없어도 되는 것을 눈뜬장님 노릇을 한 것이다. 고정 관념은 나이에 비례한다고 하던가.

가장 더웠던 지난여름 어머니께서 진짜 보양식 집이라며 토종닭 집을 말씀하셨다. 자신의 기억력이 의심스러운 판에 정확하게 기억하시는 게 고맙고, 당긴다는 말씀 같아서 먼 길을 찾아 나섰다. 맛있게 먹었는데 뱀이 썩어 구더기가 생기면 그것을 먹여 키운 토종닭이라 비싸다는 말을 듣고 토악질이 나왔다.

원효대사가 당나라 유학차 가던 중 밤중에 목이 말라 옆에 있는 물을 마셨는데 물맛이 더없이 좋았다고 한다. 날이 밝아서 해골에 고인 물이었다는 것을 알고 구토를 할 것 같았다. 달라진 것은 하나도 없는데 마음이 모든 것을 지어 낸다는 일체유심조(一切唯心造)를 터득하고 발길을 신라로 되돌렸다고 한다. 비슷한 경험을 하고도 대사는 도를 터득했는데 하나도 달라지지 않았음은 우주 속에서 한낱 티끌에 불과한 작은 존재이기 때문일지.

하긴 물을 젖소가 먹으면 우유가 되고 같은 물을 독사가 먹으면 독이 되는 게 이치인데 크게 깨달은 대사님의 일화를 떠올림이 불경한 일인지도 모른다.

더 가관도 있다. 그날 양복을 받아 걸려고 보니 입으라고 권했던 겨울 양복이 옆에 그대로 걸려 있다. 아차 싶어서 받아 든 양복을 보니 얇은 가을옷이다. 모르면 돈을 많이 주라는 옛말 하나도 틀리지 않는다며 역시 비싼 옷이 태가 난다고 너스레까지 떤 자기 눈이 의심스러웠다. 문학상 수상자는 가족이 같이 참석하라니 동행할 남편한테 따뜻하고 품나는 순모 양복을 입을 것을 권했다. 퇴직하고 큰 수술로 10킬로그램이나 빠진 남편이 아내 일에 같이 가는 것도 썩 달갑지 않을 텐데 동행하는 게 고마워서다. 그런 그를 이 기회에 어떻게 소개해서 자존감과 용기를 북돋울 것인가 골똘히 생각했다. 듣는 사람들이야 팔불출이라 할지 모르지만, 그런대로 잘했다 싶었는데, 이제껏 하지 않던 실수를 한 것이다. 옷 잘 입은 거지는 밥도 먼저 얻어먹는다는데 겨울에 가을 양복을 초라하게 입게 했으니, 청맹과니라고 해도 할 말이 없는 노릇이다.

겉으로는 멀쩡해 보이나 실제로는 앞을 보지 못하는 눈을 청맹과니라고 한다. 사리에 밝지 못하여 눈을 뜨고도 사물을 제대로 분간하지 못하는 사람을 비유적으로 이르는 말이라고 사전은 부언해 놓았다. 그게 바로 나란 생각이 들었다.

마침, 신호등에서 멈추는데 건너는 보행자가 보였다. 지팡이로 길을 두드리며 가는 것으로 보아 앞을 못 보는 것 같은데 걸음걸이가 느려서 시간 내 건너갈까 불안하다. 신호가 바뀌기 전 정확하게 길을 건너는 그를 보면서 눈을 뜨고도 제대로 못 보는 자신이 부끄러웠다. 성철 스님은 팔만대장경을 심(心) 자 한 자로 요약하셨는데….

세월 앞에서 우리는 시든 꽃이 되기보다 고운 단풍이 되기를 소망한다. 그럼에도 사람이 완벽하면 매력이 없지 않으냐 숨 막힐 것이라는 등 농담하며, 허울에 씌어서 실체를 보지 못하니 멀쩡한 청맹과니가 아니랴. 마음의 눈을 뜨게 하는 명의 어디 없을지.

이음동의어

　새하얀 꽃송이가 한꺼번에 개화한 듯 창밖이 눈부시다. 우리가 잠든 사이 산타클로스 할아버지가 다녀가셨나 보다. 이렇게 눈이 내리고 크리스마스가 가까워져 오면 나는 오래전 산사에서의 그날로 돌아가 청정한 추억 속에 잠긴다.
　그때 일행은 이 산 저 산 산행을 즐겼으면서도 미뤄두었던 강원도 오대산을 가기로 했다. 그곳은 겨울이 더 절경이라는 말에 현혹되어 봄에 가자는 의견이 있었으나 못 들은 척 강행했다. 눈이 좀 온다고는 했지만, 폭설이 올 거라는 예보는 없었다.
　산길로 접어들 무렵 앞이 안 보일 정도로 주먹만 한 눈이 쏟아지기 시작했다. 돌아가기보다는 가까운 월정사로 들어가는 게 나을 것 같았다. 월정사 추녀 밑에서 한참을 서서 기다렸으나 눈은 그치지 않았다.

마침, 때가 되었으니 공양하라는 스님의 말씀을 좇아서 눈에 푹푹 빠지며 공양간으로 갔다. 배낭에 준비해 간 음식이 있었지만, 따뜻한 공양간 절 밥을 게 눈 감추듯 했다. 쌀 한 톨 남기지 않고 발우를 비웠다. 자신이 설거지하는 게 복을 짓는 일이라는 것도 그때 알았다.

공양주가 거처하는 따뜻한 온돌방에서 이때나 저 때나 눈이 그치기를 기다렸으나 종일 눈이 오기로 결심을 한 듯 계속 쏟아졌다. 스님은 눈길 위험하니 자고 가는 게 안전하다고 방을 내주셨다. 공휴일이고 세 부부가 온 데다 방학했으니 큰 부담은 없었다. 어차피 못 가니 느긋하게 지내자고 했더니 일행 중 두 명이 손사래를 쳤다. 크리스천이 절에서 성탄절을 보내는 게 말이 되느냐고 하면서 한걱정했다. 생명을 담보로 한 무모한 시도는 하지 않기로 하고 고즈넉한 산사에서 크리스마스이브를 맞이하였다.

본의 아니게 산사에서 화이트 크리스마스를 맞게 된 것이다. 불자도 아닌 지나가는 중생이 식사와 잠자리까지 받았으니, 새벽 예불 시간에 참석하는 게 도리일 것 같았다. 우리 말고 두 팀이 더 발이 묶였는데 스님의 법문이 시작되었다.

성탄을 맞이하여 일반 교회처럼 먼저 성탄절 축하로 시작하였다. "마태복음의 내가 남에게 바라는 대로 남에게 하라는 말씀은 불교에서 말하는 자리이타(自利利他)라는 말과 같습니다. 모든 종교가 추구하는 것은 같다는 것이지요. '믿음은 바라는 것의 실상이요 보이지 않는 것들의 증거다.'라는 히브리서 11장 1절을 아실 것입니다. '처처불상 사사불공(處處佛像事事佛供)'라는 말씀도 들어 보셨을 것입니다."

모든 것은 다 마음이 짓는 것이니 장소 불문하고 어디서든 온 정성을 다하면 된다는 깨달음이 왔다. 그때 이렇다 할 종교를 갖지 않았는데 말씀으로만 듣던 고승을 여기서 뵙는구나 싶어 내가 선택된 사람같이 느껴졌다.

대웅전에서 의당히 설법하시는 게 옳은데 다른 교리를 들어 모든 종교가 추구하는 것이 다 같음을 알려주시며 중생들의 마음을 다독인 것이다.

그때 스님의 법문을 듣고 나니 내 마음도 새하얀 눈같이 청정해진 것 같았다. 이윽고 폭설이 멈추고 덕분에 우리 여섯 명은 설경을 감상하며 무사히 귀가할 수 있었다.

그 스님을 한번 다시 뵙고 싶다는 생각이 늘 있었지만 사는 일에 휘둘려서 2년여를 보내고 월정사를 다시 찾았다. 두리번두리번 스님을 찾았으나 뵐 수 없었다. 얼마 전에 입적하셨다는 말씀을 듣고 심장에서 피돌기가 잠시 멈추는 듯 가슴이 허허로웠다. 조금 더 일찍

왔더라면 하는 후회가 일었다. 그래서 미련한 중생이란 용어를 쓰는구나 싶었다. 눈에 홀려서 헛것을 본 듯 한동안 마음이 허전했다. 세상의 모든 물체는 실체가 없는 것이라지만 오랫동안 미련을 떨치지 못했다. 금강경을 '색즉시공 공즉시색(色卽是空 空卽是色)' 여덟 자로 요약한다는 말씀을 알 것 같았다.

성탄절이 가까워져 오면 나는 그때 몸달아서 하던 친구들에게 "산사에서 맞는 성탄절 어때?"라며 타임머신을 타고 그 시절로 돌아간다. 무모한 도전도 아름답던 젊음이 있었는데….
사랑의 크리스마스 캐럴에 화답하는 자비의 풍경소리가 그윽하다. 종교가 달라도 추구하는 사랑이나 자비는 이음동의어라는 스님의 목소리가 들리는 듯하다.

사랑으로 여는 관계의 서사
- 이영희 수필집 『빈방의 모놀로그』에 부쳐

이방주
수필가, 문학평론가

마름하기

　이영희 수필집 『빈방의 모놀로그』 원고를 정독했다. 읽어 나가는 동안 그의 세계에 대한 사랑에 감동하고, 세계로 나아가는 관계의 서사에 공감하였다. 그의 작품집 『빈방의 모놀로그』에 수록된 전 52편의 작품을 꿰뚫어 한마디로 말하면 '사랑으로 엮어서 관계로 열어 가는 서사'라고 요약할 수 있다.

　사랑은 무엇이라 정의를 내려야 할까. 사랑의 범주는 어디까지일까. 진정한 사랑은 어떤 모습일까. 이런 의문들이 작품을 읽어가는 동안 하나하나 풀려나갔다. 그는 사랑의 서사를 진솔하게 고백하는 가운데 자신의 존재를 확연하게 드러내고 있다.

　예수 그리스도는 '네 이웃을 네 몸과 같이 사랑하라.'라고 가르쳤다. 불가능한 상황에서도 이웃을 위하여 목숨도 걸어야 하는 행위를 사랑이라고 규정하였다. 그리스도는 말뿐 아니라 몸소 사랑을 실천으로 가르쳤다. 모두의 죄를 용서받으려고 십자가에 매달려 죽음으로써 자신을 희생하지 않으면 이룰 수 없는 사랑의 진실을 가르친 것이다. 이것이 절대적인 사랑이고 사랑의 원형이다. 여기에서 사랑의 정의, 사랑의 범주, 진정한 사랑의 양상을 배울 수 있고, 어떤 사랑으로 세계와 관계를 어떻게 지어나갈 것인가를 학습할 수 있다.

공자는 인(仁)을 사랑의 근본으로 생각하였다. 인은 기본적으로 혈연에 바탕 둔 사랑으로 시작하여 인연이 없는 이웃으로 확산해 나가는 관계의 사랑이다. 仁은 나만 못한 사람에 대한 측은지심의 발동이 실천의 시작이라고 맹자는 가르쳤다. 이 또한 관계가 뚜렷하지 않은 대상에 대한 사랑의 시작이고 확실한 관계의 문을 여는 일이다.

불가에서는 사랑을 자비(慈悲)라고 가르친다. 자(慈)와 비(悲)로 나누어 자(慈)는 진정한 정의(情誼)이며, 비(悲)는 친절함, 상냥함, 따뜻함으로 이해할 수 있다. 동양에서는 자와 비를 따로 생각하지 않고 자비로움을 곧 사랑으로 이해한다. 자비는 대상을 구분하거나 차별 짓지 않고 널리 애처로운 마음으로 다가가는 것이다.

이밖에 묵자는 '하늘 아래 모두를 겸애하라.'라고 가르쳤다. 모두를 평등하게 사랑하라는 묵자의 말에서 보듯이 보편적 사랑을 강조한 말이다. 묵자의 보편적 사랑은 예수 그리스도의 박애와 기본적 의미를 함께 한다고 해석할 수 있다.

이영희 수필가는 항상 미소를 띠고 있다. 이영희는 사랑이 준비되어 있는 작가이다. 문우들에게 친절하고 상냥하며 자기희생적이다. 그는 충북 제천에서 출생하여 고등학교까지 고향에서 마쳤다. 1998년 ≪흔맥문학≫에 수필 「가을의 직지사」와 「마동남과 사모님을」 발표하면서 수필가로서 활동을 시작하였다. 그 후 동양일보 신춘문예 소설이 당선되어 소설가로서도 활발하게 활동하고 있다. 장편소설 『비망록, 직지로 피어나다』 단편소설집 『메이저아르카나 13번』을 펴내 그 부지런한 창작 열정은 물론 소설 창작의 재능을 실감하게 된다. 수필가로 등단한 이후 이미 수필집 『칡꽃 향기』 주)대명사 2018 『정비공』을 출간하여 수필 문단에서 그 작품성을 인정받았는데 이번에 그동안의 주옥같은 작품을 모아 『빈방의 모놀로그』를 펼쳐낸다니 함께 공부하는 문우로서 반가운 마음 금할 길 없다.

이영희 수필가는 도내 각 문학 단체는 물론 전국 단위 문학 단체에서 실무를 맡아 수필 문단과 소설 문단 발전을 위해 기여한 바가 크다. 또한 청주시 1인 1책 펴내기 지도강사로 위촉받아서 재능기부를 할 뿐 아니라, 지방 일간지의 고정 필진으로 지방 문화 발전에도 기여하고 있다. 모두가 이웃에 대한 사랑의 실천이다.

이영희의 세 번째 수필집 『빈방의 모놀로그』는 모두 52편 수필을 각부 13편씩 4부로 나누어 엮었다. 수록된 52편을 대략 크게 몇 가지 주제로 나누어 생각해 보기로 하겠다. 첫째는 앞에서 밝힌 대로 혈육, 남편, 이웃, 사회, 국가에 대한 사랑을 담았다. 둘째는 예술과 문화에 관한 관심이다. 셋째로 시대와 역사에 대한 고민과 자연에 관한 안타까움을 담은 작품으로 볼 수 있었다.

다음에는 수필 문학에서 빠질 수 없는 자기 성찰의 글이다. 자기 성찰의 작품에서는 진정성 있는 고백이 중요한데 그 고백의 양상을 객관적으로 살펴보겠다. 작품을 읽는 과정에서는 반드시 작가의 세계에 대한 인식과 해석을 엿보는 것이 필요하다. 수필을 체험의 문학이라고 하지만 미적 상상이 필요하므로 작가가 상상하는 세계도 살펴보는 것이 작가에 대한 예의이고 독자의 기대에 부합하는 길이라 생각한다. 대부분의 발문이나 서평이 서사에 따른 주제의 해석에만 치중하는데, 이 글에서는 작가가 주제를 드러내기 위한 형상화 기법도 간략하게 살펴보기로 한다. 그것이 작가와 독자 사이를 편안하게 이어주는 징검다리가 되는 길이라 생각했기 때문이다.

발문(跋文)이라 하면 책의 말미에 그 책이 발간된 경위와 내용의 대강과 아울러 발문을 쓰는 사람과 저자와의 관계 등을 간략하게 적는 글을 말한다. 이와 달리 서평(書評)이라고 하면 주제에 관심이 있거나 전문적인 지식이 있는 사람이 필자에 대한 정보, 가치관, 신념을 찾아 독자에게 일러주는 글이라고 본다. 서평은 먼저 읽은 사람이나 평론가가 그 책을 읽고자 하는 사람 또는 이미 읽은 사람에게 해석의 방향이나 배경지식을 주는 글이다. 독자의 폭넓은 이해를 돕기 위한 글이라고 생각할 수 있다. 이 글은 조선시대 우리 문인들이 쓰던 발문 형식에 객관적인 해석을 가한 서평 형식을 혼합하여 글을 전개하려고 한다. 이영희 수필가와 함께 수필 창작 공부를 해온 세월이 길고, 그만큼 문학적 신념에 대한 공감이 크기에 그의 창작 활동을 응원해야 하지만, 응원은 작품에 대한 객관적 평가가 전제되어야 한다고 믿기 때문이다.

1. 『빈방의 모놀로그』에 드러난 수필에 대한 관점

 수필 창작은 수필가의 수필에 대한 관점으로 방향이 정해진다. 대부분의 수필가나 평론가들이 그렇듯이 이영희 수필가도 개인적인 경험을 토대로 자기 성찰의 문학으로 접근한다. 이러한 관점을 구체적으로 밝히지는 않았으나 작품 전체에 흐르는 분위기가 그렇다. 이영희의 수필은 끊임없는 자기 탐구의 모습이 보인다. 자기를 탐구하는 것은 자아 성찰을 위한 기초 작업이다. 수필 창작 과정이나 예술 작품 감상 과정에서 자아를 되돌아보고 삶의 철학을 세워 자신을 다져 나가는 모습을 보인다. 이러한 사유는 수필 창작에서 필수적인 상상의 단계이다. 다만 경험과 사유에 대한 고백을 '수필은 온전히 자신을 드러내야 한다.'라는 이유로 '이제 그만하자'라고 마음먹기도 했던 것은 그가 하는 고백이 어떤 것인지 잘 말해 준다. 다시 말해서 수필은 고백의 문학이고 그 고백은 솔직하고 진정성이 있어야 하기에 용기가 필요하다는 말이다. 이제 그만하자고 했던 작가는 다시 용기를 내어 '빈방에서 모놀로그'를 하게 된 것이라 생각된다. 수필은 경험과 자아 성찰의 문학이고 성찰의 결과를 고백하는 과정에서 용기를 내어 자아를 객관화해야 하기 때문에 자아의 변환과 성숙을 꾀하는 문학으로 생각했을 것이다.

이영희의 수필은 특별하지 않은 일상에서 의미를 찾아낸다. 어떤 이는 수필이 문학성을 확보하려면 제재가 되는 경험이 일상을 벗어나야 한다고 말한다. 그러나 그는 소소한 일상에서 단순한 듯하면서도 깊이 있는 진리를 발견한다.

이영희의 수필에서는 서사가 큰 비중을 차지한다. 소설을 쓸 수 있을 정도로 체험을 서사로 구조화하는 남다른 재능이 있는 덕택으로 보인다. 그의 수필은 대부분 체험한 서사를 뼈대로 삼아 서정으로 옷을 입혀 미적 쾌감을 불러오는 작품이다. 대상에 대한 사유로 일관하거나 설명으로 마무리하지 않는 것이 그가 얼마나 서사를 소중하게 생각하는지 알 수 있다.

이영희는 수필을 교훈과 위로를 주는 문학으로 본다. 서두 글인

'작가의 말'에서 마르쿠스 아우렐리우스의 명상록을 인용하여 '목욕할 때 생겨나는 비누 거품과 땀과 때, 그리고 기름기가 있는 물을 보면, 너는 역겨워하지만, 인생의 모든 부분과 인생에서 만나는 모든 것이 그런 것들이다.'라고 말하고 있다. 사실 우리 인생에서 부끄러운 일이 많이 있지만, 그런 것들이 누구나 겪는 삶의 일상이라 생각하면 부끄러울 것도 없다. 그러니 서로 깨우치고 위로하는 것이 삶이라는 그의 생각에 공감이 간다.

그는 분명 수필 문학도 개인의 시선으로 세계의 모습을 바라보고 해석하여 상상을 통하여 형상화하는 문학으로 보고 있다. 이영희의 수필 문학에 대한 이러한 관점은 문학에서 수필이 차지하는 위상을 더욱 풍요롭게 살찌우고 이해하는데 크게 기여할 것으로 생각한다.

2. 사랑으로 열어가는 관계의 문

이영희의 사랑은 관계를 전제로 한다. 다시 말하면 그의 사랑은 仁을 바탕으로 한다. 사랑 가운데 仁을 중심으로 가르친 공자도 그것을 정의하지는 않았다. 다만 실천 방법론을 가르친 것으로 보인다. 설문해자에서도 仁은 人과 二의 결합이라고 설명한 것을 보면 사랑을 실천하는 데에 관계를 중히 여기고 있는 것을 엿볼 수 있다. 그래서 仁의 실천으로 효제충신(孝悌忠信)을 방법으로 제시하고 효제충신을 이룬 다음에 예(禮)·서(恕)·경(敬)·공(恭)·관(寬)·민(敏)·혜(惠)의 덕을 베풀고, 마지막으로 온량(溫良)과 애인(愛人)에 도달해야 한다고 가르치고 있다. 이러한 가르침은 사랑이 효제에서 시작하여 모두를 사랑하는 애인의 경지에 이르는 것이라고 해석할 수 있다. 말하자면 보편적인 사랑에 이르는 것이다.

이 모든 덕목은 관계를 전제로 하고 실천함으로써 관계를 열어가는 길이라고 이해할 수 있다. 효(孝)는 부모에게 제(悌)는 형제자매 사이에서 시작하는 사랑이라면, 혈육으로부터 시작하여 이웃으로 확산하는 사랑이라고 볼 수 있다. 충(忠)은 국가나 군주 또는 사회에서 받드는 사랑이고, 신(信)은 벗이나 인간관계에서 믿음으로 이루어지는 사랑이다. 다음 예(禮)·서(恕)·경(敬)·공(恭)·관(寬)·민(敏)·혜(惠)도 모두 가까운 이웃이고, 윗사람이거나 아랫사람, 혹은 처지가 딱한 사람이거나 잘못을 저지른 사람에 대한 폭 넓은 사랑을 말하고 있다. 이웃에 대한 사랑은 결국 온량(溫良)한 마음으로 애인(愛人)한다는 보편적 사랑에 도달해야 한다. 연(緣)이 닿지 않았던 사람, 사실, 제도 등에 대한 사랑으로 이해할 수 있다.

이영희 수필은 이러한 仁을 중심으로 한 사랑을 실천한 체험을 담고 있다. 사랑은 혈육으로부터 시작하여 이웃과 사회 그리고 모든 사람과 대상에게 관계를 지으며 확산되는 모습을 작품에서 곳곳에서 발견할 수 있다. 仁을 중심으로 자비와 박애 그리고 묵자가 가르친 겸애에 이르렀다고 해석할 수 있다.

    아이들을 위해서 뒤늦게 교육학을 이수하면서 시작의 동기만큼 실천하겠노라 다짐했다. 돌아서면 바쁜 생활에 함몰되어 야누스의 다른 얼굴이 되었다. 부모는 한결같은 자세로 기다려주고 믿어 주며 지켜봐 줘야 하는데 내 기분에 빠져서 일관성을 유지하지도 못했다. 그때는 '엄마 반성문' 같은 책도 없었던 듯하다.
    여러 권 꽂혀있는 노트를 뽑아 펴본다. 오래전부터 그 자리에 꽂혀있는 것을 무심히 보았는데 일기장이다. 아마 아이는 엄마랑 소통하고 싶어 은근히 봐주었으면 했나 본데, 퇴직하고 아이도 떠난 빈방이 되니 이제야 눈에 들어온 것이다.

-「빈방의 모놀로그」에서

이 작품은 표제작인 「빈방의 모놀로그」의 일부이다. 화자는 출가시킨 딸의 방에서 혼자 지난날을 반성한다. 자녀 교육을 위해 늦깎이로 교육학 공부까지 했으면서도 사랑의 욕심, 계획을 실천하지 못한 어머니로서의 회한을 독백하는 것이다. 사랑은 자녀에 대한 사랑으로부터 시작한다. 부모에 대한 효성의 마음도 생득적으로 얻어지는 것은 아니다. 자식을 키우다 보면 부모에 대한 안타까운 사랑이 샘솟는 법이다. 어머니에 대한 사랑은 작품 「맥문동」에서 맥문동을 보면서 어머니의 '인고의 세월'을 되새긴다. 어머니는 일제 강점기의 어려움 속에서 제대로 교육을 받지는 못했지만, 남다른 지혜로 가정을 지키고 자녀를 양육한다. '시앗' '득남' '농사일' '출산' '참척의 아픔' 같은 어구들이 어머니 인고의 세월을 잘 말해 준다. 맥문동이라는 '초중군자(草中君子)의 단아함'이 어머니의 미소와 동일시되어 피어난다고 했다. 아버지에 대한 사랑과 존경은 이렇게 표현하였다.

아버지는 혼수를 제대로 못 해 주는 딸에게 가장 귀하게 여기는 것을 주셨는데 딸은 제 설움에 겨워 그 뜻을 깊이 헤아리지 못했다. 부부가 나란히 꿈을 이루고 부러운 눈길 속에 퇴임하던 날 부지한 딸은 선친 뜻을 짚어보며 당신 음덕이라고 감읍했다. 북벌을 계획했던 효종 대왕이 이완 이대장에게 삼도수군통제사와 포도대장을 겸하라고 주신 교지였다. 그걸 본받아 목민관이 되라는 큰 소망을 담은 거였다. 하늘나라에 계시니, 이제는 용서도 구할 수 없다.

－「어떤 혼수」에서

혼수를 제대로 해 주지 못한 선친께서 가보로 내려오는 교지를 혼수로 주었다. 그러나 선친의 깊은 뜻을 다 헤아리지 못했다. 선친의 진정어린 부성애를 이해하지 못한 일을 뒤늦게 반성하는 모습이다. 선친에 대한 사랑은 바로 남편에 대한 사랑으로 전이된다.

마음을 고쳐먹었다. 괜한 힘 빼지 말고 환자가 수술 전 상태로 돌아가도록 병간호에 최선을 다하자고. 우선 화가 가라앉게 복식호흡을 크게 했다. 그리고 장시간의 수술 시간과 수면 치료를 하느라 오 일이나 피를 말리던 그의 부존재를 생각했다. 잘못되어 그가 없다고 생각하니 먹는 것도 화장실 가는 것도 다 예쁘게 보이고 감사했다. 심지어 코 고는 소리까지 살아 있다는 것을 증명하는 것 같아 자장가같이 들렸다. '최선을 다하자.'라던 좌우명이 '매사에 감사하고 웃으며 살자.'로 자연스레 바뀌었다.

—「남편을 다시 읽다」에서

남편의 수술 과정에서 남편이라는 '존재'의 소중함을 깨닫는다. 남편이 존재하지 않는다는 것을 가정하니 존재한다는 사실이 얼마나 소중한지 깨닫게 된 것이다. 이 작품에서 존재 자체의 소중함과 사람과 사람 사이의 관계와 그 관계에서의 사랑과 이해는 인연의 끈이 없을 것 같은 남에게로 옮겨간다. 이 또한 사랑의 전환이고 확산이다.

지하철이 멈추고 문이 열리면서 승강장에 휠체어를 탄 수십 명의 장애인이 팻말과 현수막을 들고 서 있는 모습이 보였다. 그들은 생존을 위해 지금도 이동권 투쟁을 하고 있었다. 출구를 찾아 헤매던 장애인이 선로에 추락해 사망하는 사고가 자주 일어난다. 사회적 타살이다. 그런데도 보통 사람들은 우선 불편함에 눈살을 찌푸리고 혐오스러운 대상으로 바라보았다.

-「블록 틈의 민들레」에서

서로 접촉하여 사상이나 감정 따위를 함께 나누어 가질 때 교감(交感)한다고 하고, 남의 주장이나 감정, 생각 따위에 찬성하여 자기도 그렇다고 느낄 때 공감한다고 한다. 물론 비슷한 말이지만 같은 종류의 재료라도 신선도나 산지, 양념, 조리 시간 등에 따라 맛도 달라지니 초심으로 돌아가 조심하여 간을 맞추어야 하리라. 거기에 사람은 유전과 환경은 물론, 섭생을 신경 써야 하니 교감하고 공감하기가 쉽지 않다

-「교감과 공감」에서

위의 두 작품은 확장된 사랑을 바탕으로 관계를 이루어가는 삶의 양상을 보여준다. 〈블록 틈의 민들레〉는 장애인에 대한 측은지심을, 〈교감과 공감〉은 관계에서 교감과 공간의 중요성을 표현했다. 관계

(關係)라는 말은 조령관(鳥嶺關) 주흘관(主屹關)할 때의 '관(關)'으로 요새의 문을 의미한다. 이런 본래의 의미는 훗날 사람과 사람 사이에 이어지는 교감과 공감을 의미하는 연(緣)의 빗장이 되었다. 의미는 많이 달라졌지만 대문에 빗장이 있듯이 사람의 마음에도 빗장이 있는 것을 감안하면 상징적 의미도 이해할 수 있다. 상대 마음의 빗장은 나의 온량(溫良)한 마음이라는 열쇠로 풀면 보편적 사랑을 실천하는 애인(愛人)하는 사회가 될 것이다.

3. 자아 성찰로 변환과 성숙

수필은 체험에 대한 철학적 해석이다. 과거에 체험한 기억을 소환하여 현재의 가치관에 따라 재해석한다. 경험에 대한 철학적 해석은 수필적 상상이라는 단계적 사유에 의해 현재화하여 재구성된다. 재구성되는 과정에서 작가는 구체적 체험을 제재로 추상적 관념을 형상화하여 객관적 진실로 보편화한다. 구체적이고 일상적인 경험에서 형이상학적인 삶의 철학을 담아낸다는 말이다. 이런 과정에서 물리적인 소재, 자연과학적 시선으로 추구해야 소재가 인문학적이고 철학적인 주제로 구현된다. 이러한 수필적 상상을 이른바 통섭이라고 한다. 통섭(consilience)이란 말은 우리나라에서는 이미 조선시대

성리학이나 불가에서 쓰던 말인데 서구에서는 1840년경 영국 자연철학자 윌리엄 휴얼(William Whewell, 1794~1866)이 출간한 『귀납적 과학의 철학』에서 처음 만들어 썼다고 한다. 학계에서는 매우 어려운 개념으로 이해하고 있으나 수필 창작 과정에서는 자연과학적 사고와 인문학적 사고를 연결하여 통합된 하나의 진리를 얻어내는 개념으로 단순하게 생각하여 적용할 수 있다. 이러한 개념을 적용하면 사유가 한 차원 높게 이루어질 수 있고 주제를 얻어내는 어려움도 덜 수 있을 것이라 생각한다.

이영희의 수필 「껍질 벗기」에서 통섭에 의한 사유가 수용된 것을 발견할 수 있다. 그는 자연적 소재인 더덕 껍질을 벗기면서 '스스로 벗어야 당당할 수 있다.'라는 철학적 진리를 찾아낸다. 이어서 매미, 자작나무, 매의 발톱 등의 껍질 벗기로 다시 태어나는 것을 보면서 자신의 껍질 벗기에 대하여 용기를 내게 된다. 그러고는 마이크를 잡고 여러 사람 앞에서 노래를 부르는 용기를 낸다. '체면의 껍질을 벗고' 새로운 세계에 임하게 된 것이다. 이런 사유의 과정은 매미나 자작나무 같은 자연 소재의 껍질 벗기에서 체면이라는 추상적 껍질 벗기로 통섭의 지혜를 얻은 것이다. 수필은 이러한 창작의 과정에서 자아가 변환하고 성숙한 경지에 이르게 된다. 이러한 사유는 작품 「문패」에서도 발견할 수 있다.

통섭의 과정에서 필수적인 사유의 단계는 바로 자아 성찰이다. 대상이 되는 사물의 본질과 원리를 기준으로 자신의 삶을 돌아보는 것이다. 남을 보면서 나를 돌아보는 작품으로 「옹이」를 들 수 있다.

    백조가 우아하게 물 위에 떠 있지만 보이지 않는 물속에서 얼마나 부지런히 물 갈퀴질을 했겠느냐 생각하면 밤잠 못 자며 노력하는 모습이 보여 가슴이 먹먹하다. 그분들에 비하면 나의 작은 옹이는 일회용 반창고만 붙여도 무난한데 건강염려 하며 최선을 다하지 않고 적당히 사는 내 의지가 부끄럽다. 강익중 화가의 전시회를 다녀와서 사유가 깊어진다. 관솔 박힌 소나무 삭정이가 되지 않고 옹이를 둥그런 나이테로 승화시키며 잘살고 있는지….

-「옹이」에서

전시회에서 작품을 감상하면서 '옹이를 둥그런 나이테로 승화시키며 잘살고 있는지' 자아를 돌아보는 모습이다. 옹이라는 자연적 소재의 본성에서 삶의 본성을 찾아 자아의 삶을 비추어보는 것이다. 이런 과정에서 자아는 내적 변화와 성장을 이루게 된다. 이 또한 이영희 수필에서 느낄 수 있는 미적 공명(共鳴)이라고 하겠다.

4. 예술과 문화를 통한 치유

수필은 문학이다. 문학은 예술의 영역에 속하고 그러므로 하나의 문화이다. 수필 창작은 예술의 창작이고 문화의 성에 벽돌을 올리는 작업이다. 창작은 미적 시선으로 세계를 바라보고 새로운 진리를 찾아낼 때 이루어진다. 이영희 수필에는 예술 작품을 감상하면서 예술적 미감을 체득하고 미적 안목을 확장하고 있는 모습을 엿볼 수 있다. 그의 작품 「팔만대장경을 읽다」 「카타르시스」에 이러한 점이 뚜렷하다.

더 놀라운 것은 장경각의 남쪽과 북쪽에 있는 창의 크기가 다르고 서로 엇갈리게 해서 건물 안에 들어간 공기가 아래위로 돌아 나오도록 했다. 대개 대웅전이 맨 위에 있는데, 대적광전보다 장경판전이 높은 곳에 있는 것은 위상뿐만 아니라 가야산 세 계곡이 만나는 지짐과 멀지 않아서 항상 바람이 통하도록 한 것이란다. 바닥을 숯, 소금, 횟가루, 모래, 황토로 했는데 숯과 소금은 흡착력이 강해 공기와 물을 정화하고 자동 습도조절을 한다. 횟가루, 마사 황토는 해충을 막는 기능이 있다. 이 모두가 대장경판의 변형을 막는 작용을 하니 우리 조상들이 얼마나 과학적이고 지혜로웠는지….

-「팔만대장경을 읽다」에서

추석 전날 그 친구가 갑자기 아직 취침 안 하면 가요무대를 틀어보라고 했다. 장사익의 스페셜 무대 「소리길 고향길」로 데뷔부터 현재까지 가슴을 쥐어짜는 그만의 한스러운 목소리가 울려 퍼졌다. 젊어서 10여 개가 넘는 직업을 전전하면서도 우리 소리를 잊지 않고 좋은 가사에 직접 작곡하여 온몸으로 부르니 감정이입이 더 잘 되었다. 우연인지 뭉크처럼 아버지 묻고 와서 아버지가 하시던 말씀을 떠올리는 대목에서 눈물이 줄줄 흘렀다. 자리를 같이하지는 않지만, 눈물이 폭포수처럼 쏟아질 친구 얼굴이 떠올라 슬픔이 전이되며 나 역시 카타르시스를 느꼈다. 우리는 흔히 좋지 않은 것 더러운 것은 외면하려 하나 용감하게 직면할 때 트라우마를 상쇄시킬 수 있다는 것을 경험한다.

-「카타르시스」에서

「팔만대장경을 읽다」에서는 팔만대장경을 하나의 예술품, 문명으로 보고 그것이 이루어지는 과정과 그에 따른 조상들의 슬기에 감동하는 모습을 담았다. 「카타르시스」는 가수의 노래를 감상하면서 그동안 겪은 많은 예술에서 예술가들이 살아온 세월의 한과 자아의 삶을 유비추리 하면서 체득할 수 있는 카타르시스를 담았다. 두 작품은 예술 작품을 감상하면서 공감과 공명으로 치유되는 체험을 작품화했다. 두 작품 외에서 여러 편의 작품에서 이러한 예를 찾아볼 수 있다.

5. 시대와 역사에 대한 고민

성현들은 시대와 역사에 대한 고민이 없으면 문학이 아니라고 했다. 기원전에 완성된 시경(詩經)도 공자가 왕조의 정치적 행태와 민중의 수용에 관한 자세와 태도를 가르치고, 아울러 문학과 교육을 가르치려 한 시집이다. 왕조를 찬양한 것이 있지만 위정자를 원망하는 민중이나 지식인의 비판 소리도 엿들을 수 있다. 시대와 역사에 대한 고민은 정치가 어려울 때 문학 작품에 더 많이 수용되었다. 이것이 바로 지식인으로서의 고뇌라고 본다. 이러한 고민은 바로 역사 속에서 자아의 존재 이유에 대한 성찰로부터 비롯된다.

인간으로 태어났을 때 존재 이유가 분명히 있었을 터이다. 모든 인간을 이롭게 해서 모두가 함께 살살 수 있도록 한다는 홍익인간이 단군의 건국이념이다. 그런 역사 인식을 크게 한 적이 있었던가. 보통 사람은 그저 무탈함이 행복이라고 세뇌하며 피상적인 삶을 살아오지는 않았는지. 의식주를 해결하는 생업에 바빠서 홍익인간을 잊고 산 적이 더 많다고 부끄럽지만 고백하지 않을 수 없다.

－「거장들의 맞잡은 손」에서

청정했던 환경이 훼손되는 것이 마음 아프고, 왜 진작 그 아름다움을 동영상에라도 담아놓지 못했나 하는 소시민적 아쉬움이 일었다. 잠시 빌려 쓰는 지구를 위해 무심히 안주만 했지, 지구 환경 보존을 위해 무엇을 했는지. 공동체적이고 사회 조직적 운동은 못 해도 지구에 부담을 주지 않는 생명체로 살아가고 있는지 자문해 본다.

-「은회색 풍경화」에서

「거장들의 맞잡은 손」은 역사 속에서 자신의 존재 이유에 대하여 성찰하면서 반성하고 있다. 「은회색 풍경화」는 지구 환경 보존에 대한 고민을 담고 있다.

6. 형상화 기법

이영희 수필은 소소한 일상에서 삶의 지혜를 발견한다. 그의 일상은 자랑스러운 일도 있지만 부끄러운 일도 있을 것이다. 때로 독자로부터 부러움을 사는 일도 있다. 삶에서 겪은 소소한 체험의 기억은 소환되어 삶의 지혜로 승화한다. 그러나 기억은 그냥 그대로 의미를 얻는 것은 아니다. 이야기가 아니라 구조화된 서사이다. 서사로 구조화되고 서정의 살을 붙여 미적 감동을 부른다. 그렇게 이영희 수필은 문학예술이 되었다.

 수필은 형식이 없다고 사람들은 말한다. 형식이 없으므로 구성도 없고 기법도 없다는 말이 된다. 붓이 가는 대로 생각이 따라가면 된다고 한다. 이 말은 수필(隨筆)을 문자 그대로 이해한 것이다. 형식이 없다는 말은 형식에 자유가 있다는 말이다. 구성도 기법도 없다는 말은 그만큼 구성도 기법도 다양하기에 창작이 쉽지 않다는 말로 이해하면 된다. 붓이 가는 대로 생각이 따라간다는 말은 역설적인 말이다. 생각이 가는 대로 붓이 따르는 것이 수필이다. 붓이 제대로 가려면 마음을 닦아야 한다. 그런 연후에 수필 앞에 앉는다. 그리고 가지런해진 제재를, 주제를 향하여 쏟아놓는 것이다.

 이영희 수필의 형상화 방법에 대하여 몇 가지만 들어보기로 한다.
 첫째는 객관적 상관물을 소재로 유비추리를 통하여 주제를 형상화했다는 점이다. 작품 「맥문동」은 제재인 맥문동의 본성에서 어머니의 성품을 찾아 유비적으로 동일시하였다. 어머니의 일생과 자녀 사랑을 있는 그대로 나열하면 상투적인 이야기에서 멈추고 말 것을 맥문동의 자연적 속성에 빗대어 표현함으로써 어머니의 삶의 성스러움에 공감하게 된다. 이러한 유비 구조는 「맥문동」 이외에도 대부분의 작품에 적용되었다.

둘째는 시점의 다양화이다. 수필은 작가와 화자가 동일 인물인 경우가 일반적이다. 그래서 1인칭 화자가 대부분이다. 수필에서 화자를 3인칭이나 2인칭으로 했을 경우 자칫 허구적 서사로 오해받을 수 있으므로 미적 효과를 거두기 쉽지 않다. 그래서 작가 대부분은 3인칭 화자로 설정하는 것을 꺼리게 마련이다. 예를 들면 「손 가라사대」는 손을 3인칭 화자로 설정하여 자아를 관찰 대상으로 하였다. 이 작품은 1인칭 화자로서 진술하기 거북한 서사를 3인칭 화자인 손가락이 자아를 객관화하여 표현함으로써 효과를 거두었다. 「눈의 하소연」은 눈이 2인칭 화자로서 주인인 대상에게 하소연하는 형식으로 구성하여 주제 형상화에 효과를 거두었다. 시점과 화자의 이동은 사건이 일어난 시간(사건시)과 이야기를 전하는 시간(발화시)과도 연결하여 구조화해야 하므로 쉽지 않은데 두 작품에 비교적 성공적으로 적용된 것으로 보인다.

셋째로 방언을 사용하여 작품의 분위기를 더하는데 효과를 거둔 작품이 있다. 「머시기」「니두 기여」 같은 작품이 여기에 해당된다. 수필에서는 특별한 경우를 제외하고는 방언을 사용하지 않는다. 소설은 개연성 확보를 위해 현장감이 주제 형성에 중요한 역할을 하지만, 체험을 바탕으로 하는 수필은 이미 사실성과 진실성을 전제로 하기 때문에 개연성보다는 작가의 인식이 더 중요하다. 대부분 제재가 되는 기억은 작가 인식의 체에 걸러져서 재생되기 마련이다. 그렇기 때문에 방언을 사용하는 것은 크게 바람직하지 않다. 그러나 서사의 분위기나 작품의 주제에 영향을 미칠 때는 방언을 사용하는 것이 효과적인 경우가 있다. 지방의 방언을 보존하는 효과도 거둔다고 하지만 이것은 소설에서 더 크게 기여하고 있으므로 크게 의미를 둘 필요는 없다고 본다. 이영희 수필은 주제와 서사의 분위기에 큰 효과를 거두고 있다.

수필은 일상의 경험을 바탕으로 하지만 이야기가 아니라 문학이다. 수필은 예술적 미감을 추구하기 때문에 사용되는 어휘는 일상어와 다르다. 시나 소설에 쓰이는 어휘가 실용적인 글에 사용되는 어휘와 다른 것과 같은 의미이다. 나아가 수필의 언어는 시에 쓰이는 언어와도 많이 다르다. 수필 창작에 어떤 어휘를 사용해야 보다 효과적이고 미적 공명을 일으킬 수 있을지 부단한 연구가 필요하다는 말을 덧붙이고 싶다.

휘갑치기

시인 추방론을 주장한 플라톤은 교훈적인 작품을 제외한 모든 문학 작품은 추방해야 한다고 주장하였다. 문학이 청년들에게 악영향을 끼친다면서 문학은 오로지 공리적 교훈적 기능만을 강조하였다. 이에 비하여 아리스토텔레스는 문학 작품을 생산하고 수용하는 과정을 통하여 정서가 순화되고 정화된다고 주장하면서 문학의 쾌락적 기능을 강조하였다. 오늘날 수필 문학이 지향하는 한 방향인 문학을 통한 치유의 근간인 카타르시스 이론을 세운 것이다. 플라톤의 공리적 기능의 측면으로 보나 아리스토텔레스의 카타르시스 이론에 기대어 바라보나 문학의 긍정적인 효과는 치유뿐만 아니라 개인의 성장과 발전의 원동력으로 작용할 수 있다는 것이다.

  우리는 이영희 수필을 통해서 그의 삶을 엿볼 수 있다. 그의 나날은 사랑으로 사람 살림과 세상살이를 엮어간 삶이었다. 그는 혈육을 사랑하고 이웃을 사랑하고 일을 사랑하고 사회를 사랑하고 국가와 역사를 사랑했다. 그는 예술을 사랑하고 자연도 사랑했다. 그는 문학을 사랑해서 수필가가 되고 소설가가 되었다. 그의 삶의 여정은 세계를 향하여 존재로 나아가는 에너지가 되었다. 사랑으로 엮어서 관계로 열어가는 삶이 그의 문학에 고스란히 드러났다. 문인으로서 이영희의 세계는 빈방인 듯하지만, 결코 빈방이 아니고, 닫혀 있는 듯하지만, 결코 닫혀 있지도 않다. 그의 모놀로그는 외롭고 고독한 듯하지만, 결코 혼자가 아니라 사랑으로 열어가는 작은 세계라는 것이 작품을 통해서 형상화되었다.

이영희 수필가는 등단 이후 수필과 함께 살아왔고 등단 이전부터 마음을 닦아온 작가이다. 그의 삶 자체가 수행이었음은 작품에서 엿볼 수 있고 그의 약력에 구체적으로 밝혔다. 충청북도교육청 9급 행정직 공무원으로 사회생활을 시작하여 교육행정 전문가로 성장하였다. 40여 년 고위직으로 퇴임하기까지의 삶이 곧 수행의 과정이었다고 해도 과언이 아니다. 이러한 수행의 과정이 진정성 있는 고백을 통하여 수필집 『빈방의 모놀로그』에 아름다운 작품으로 승화되어 담겼다.

　이영희 수필가는 그 살아온 날이 결코 순탄하지 않았다는 것을 우리는 잘 알고 있다. 그러나 그의 얼굴에는 늘 미소가 담겨 있다. 어려움 속에서도 잃어버리지 않은 미소가 그의 길을 꽃길로 만들었을 것으로 본다. 그가 살아온 날에 어려움이 있었다면 그 미소만큼 살아갈 날은 고운 날이 되기를 바라는 마음 간절하다. 세 번째 수필집 『빈방의 모놀로그』 출간에 거친 글을 덧붙이게 된 것을 문우로서 영광스럽게 생각하며 이 책이 많은 사람들에게 읽혀 좋은 영향력으로 다가갈 수 있기를 발원한다.

이영희 수필집
빈방의 모놀로그

이영희 수필집
빈방의 모놀로그